新农人 + 新电商运营指南

吴永凯 / 著

中华工商联合出版社

图书在版编目（CIP）数据

新农人+新电商运营指南 / 吴永凯著 .—北京：中华工商联合出版社，2021.1

ISBN 978-7-5158-3003-2

Ⅰ. ①新… Ⅱ. ①吴… Ⅲ. ①电子商务—运营管理—指南 Ⅳ. F713.365.1-62

中国版本图书馆 CIP 数据核字（2021）第 004101 号

新农人+新电商运营指南

著　　者：吴永凯
出 品 人：李　梁
责任编辑：吴建新　林　立
装帧设计：周　源
责任审读：郭敬梅
责任印制：迈致红
出版发行：中华工商联合出版社有限责任公司
印　　刷：北京毅峰迅捷印刷有限公司
版　　次：2021 年 6 月第 1 版
印　　次：2025 年12月第17次印刷
开　　本：850mm×1168mm　1/32
字　　数：220 千字
印　　张：9
书　　号：ISBN 978-7-5158-3003-2
定　　价：26.90 元

服务热线：010-58301130-0（前台）
销售热线：010-58302977（网店部）
010-58302166（门店部）
010-58302837（馆配部、新媒体部）
010-58302813（团购部）
地址邮编：北京市西城区西环广场 A 座
19-20 层，100044
http://www.chgslcbs.cn
投稿热线：010-58302907（总编室）
投稿邮箱：1621239583@qq.com

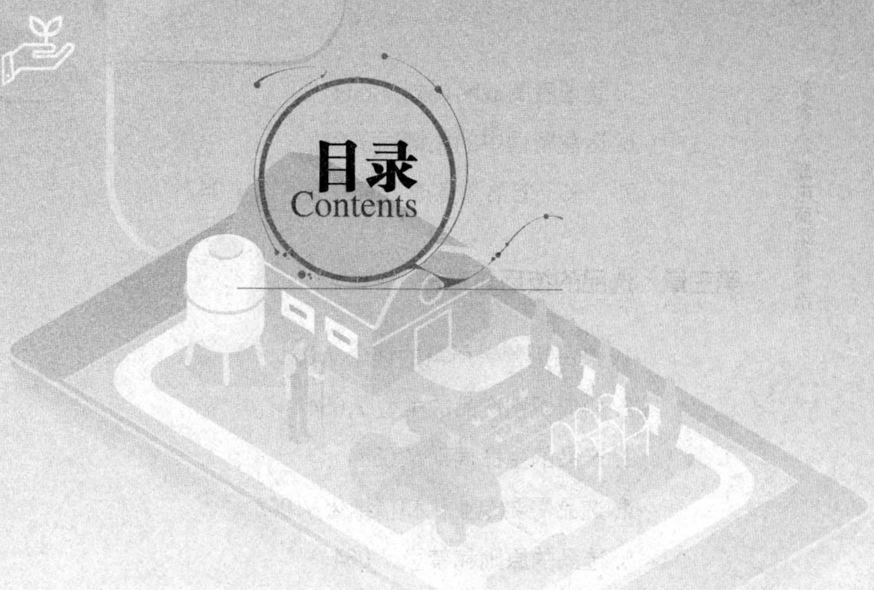

目录
Contents

第一章 网络化时代的新媒体

第二章 新媒体运营者的进阶之路

第九章　不同领域新媒体的运营方法

第一章

网络化时代的新媒体

1. 新媒体到底新在哪里

许多新媒体从业者对新媒体的定义为："借助互联网技术，通过微博、微信等媒体平台进行产品推广和营销的一系列手段。"它与传统媒体相比，新的地方主要体现在以下几个方面。

信息传播不再受时空限制

如今，移动互联网发展迅速，人们只要有智能手机，就能在互联网上冲浪，这对新媒体的传播十分有利。因此，人们上网的时间一再增加，信息的全面性也远超以前。

信息的双向传播

以往信息是由媒体单方面发出的，用户只能被动接受，而不能与发出者互动。新媒体则可以与用户及时互动。此外，用户和传播者不再界限分明，用户既是传播者也是受众。

传播行为个人化

传统媒体在信息传播上讲求权威性和垄断性，但是在新媒体时代，每个人都可以打造自己专属的媒体平台。尤其是微博、微信等新媒体平台，让许多人变成信息传播中心或内容制作中心。

晓文用自己的名字创办微信公众号“晓文会穿衣”，只用了两年时间就积累了130多万粉丝。他最早推送的文章是关于服装搭配的。例如，大家对“直男”的印象为：过膝短裤、格子衬衫、人字拖、白袜子等，对此他建议此类青年应该赶快改变这种穿衣风格，并提出优雅的服饰搭配技巧。这篇文章的阅读量很快就突破了10万。

为了提升内容的关注度，他邀请两位喜欢写评论的粉丝帮自己创作，涉及的领域更广，受众也更多。目前，已经有投资公司与他进行商业合作，推出了一系列原创西装，让他取得了很大的收益。

传播行为的个人化带来了信息的更加精细化，这是传统媒体很难做到的。案例中的晓文就是这样，他把信息的目标放在了“直男”这个群体上。据他自己说：“我本是个理工男，毕业后，进入一家软件开发公司，同事大多是别人口中的‘直男’。为了改变他们的形象，我开始写服装搭配的文章，没想到获得了超高的点击量，于是我就一直写，并在粉丝的建议下，扩大了写作范围。”

新媒体为许多人的关注点找到了一个突破口，如果深入挖掘，很可能形成一个社群。事实证明，社群中的用户比传统媒体的用户黏性更高。

即时传播

传统媒体制作内容要派记者进行采编，此后再由相关部门进行审核，通过后才能公之于众，因此难免有滞后性。新媒体则不同，用户拍摄后可以马上上传到网络，更具有即时性。

内容多元化且原创性强

传统媒体报道的信息很注重新闻价值，所以受到了一些限制。新媒体输出的内容则多种多样。例如，火山小视频上有很多娱乐内容，吸引了很多观众。此外，新媒体给人们带来了巨大的展示空间，涌现出大量的原创内容，给人耳目一新的感觉。

就移动互联网发展的形势来看，以后一定会有更多更新的新媒体形态出现，而且参与的人也一定会越来越多，使信息传播的渠道变得更加多元。

2. 新媒体运营的发展历程

新媒体运营是商家和网民连接的纽带，因此新媒体运营的发展史，是伴随着互联网产品的创新和网民购物习惯的转变而不断创新的。其运营发展的四大要素为：产品、内容、用户和活动。这些要素在不同的发展阶段侧重点不同，因此特点也不同。

用户主导期

这一时期是指在2000年以前，当时互联网在我国还算新生事物，网民很有限。此时网络公司处于自由生长阶段，经营的方式层出不穷，创新的产品也不断涌现。只要商家能挖掘出用户需求，获得流量，就能快速地成长。

后来，几家成为互联网巨头的公司，大多是率先围绕用户需求进行营销的商家。他们不仅积累了规模巨大的用户，也占据了互联网的先机。如，阿里巴巴、新浪、腾讯等。阿里巴巴专注于电子商务，新浪致力于新闻，腾讯为人们的交流沟通服务。

在用户主导期，许多公司中运营的角色由程序员充当，可随时和用户进行沟通，并根据用户要求调整产品。

此时，该如何提高用户黏性呢？企业家马化腾说：“刚推出 QQ 的时候，有一些用户，但是体验产品的人不多，我就在上面跟大家聊天。有时候，我还得换个醒目的头像，以提升用户的活跃度。”

可见，此时商家如果能够按照用户的需求进行引导，用户选中的几率就很大。

产品主导期

业内人士大多认为 2000 年至 2005 年是产品为主导的时期。此时互联网处于发展阶段，百度、QQ 等这类具有划时代特点的产品极少出现。几大互联网公司把重点放在原有的产品上精益创新，使产品的性能得到了优化。如，阿里巴巴在外贸网站上推出了支付宝；腾讯在 QQ 的基础上推出了 QQ 空间和 QQ 游戏；百度由文字搜索扩展成图片搜索、MP3 搜索。

在这一时期，新媒体运营者的工作重点都是围绕产品展开的，如产品优化、新产品研发，等等。

活动主导期

自 2005 年开始，国内的新媒体公司因同质化竞争日趋激烈。例如，在分类信息查找方面，赶集网和 58 同城都成立于 2005 年；在旅游服务领域，有去哪儿网和途牛旅行网；在团购网站领域，有拉手网、美团网。

这些网站界面相似、功能相仿，为此，许多网站通过形式多样的活动来吸引用户，以提高自身的竞争力。我们以大家都熟悉的团购网站为例，在活动主导期尾声的

2011年，团购网站的数量居然超过5500家，这些网站为了赢得一席之地，开展了很多创意新颖的活动。

在活动主导期，新媒体运营的主要任务就是策划创意活动、确保活动取得预期效果，从而获得巨大的流量。

内容主导期

此一时期指2012年到现在，主要原因是，随着智能手机的普及，大量网民都进入了移动互联网，利用微信聊天、看一些短视频成为许多网民每天必做的事情。

为了在铺天盖地的信息中脱颖而出，新媒体运营者需要花大量时间做市场调查，然后创作能打动人心的内容，并采用创意呈现等方式，给人赏心悦目的感觉，以提高用户转化率。

例如，新东方教育集团年会上的一个小视频在网络上走红，是有关吐槽学校教学现象的内容。对此，创始人俞敏洪表示，视频能传到网上，就体现了他对新东方的态度。此后，他对教师队伍进行了整顿，此举为新东方带来了大量的学员。

用视频总结教学现象，并采用吐槽的方式，这样的内容呈现方式正符合用户的喜好，所以被他们主动传播，扩大了新东方的影响力。

以上四个时期是层层递进的关系，新媒体运营者不可把它们割裂来看。尤其是现在，许多业内人士把选品、分析用户都归为内容的范畴，也就是说，要注重整体，才能使运营更加高效。

3. 新媒体运营的 5 类模块

如今，许多企业在新媒体运营中，经常会采用 5 类模块，分别为：网站运营、平台运营、流量运营、社群运营和店铺运营。

这几类模块是基于产品、用户等运营要素产生的，因此可以把用户思维、选品技巧等植入到模块中。接下来我们看看，这些模块该如何运用。

网站运营

网站运营离不开产品、内容和用户。在产品上，企业需要参照产品管理的流程，在自己的网站上推送在线测试、开发项目、修改意向，等等；内容是网站运营的重点，关于产品的信息及热点新闻等，需要经常更新；网站上的注册用户需要按用户属性进行分类，浏览用户也需要点击跟踪，从而找出他们的需求，以此来提升用户转化率。

平台运营

此类模块的主要阵地是微信公众号、微博、今日头条等内容平台，它的主要作用是对内容进行细化。

比如，我们在微信上推送文章，通常只有编辑和推送两个环节。平台运营却要通过分析回复、细分用户类型等来管理用户、策划内容，从而让平台运营得更加流畅。

流量运营

一些新媒体从业者会通过对流量的统计和管理，来提升企业或个人推送文章的阅读量，从而扩大粉丝数量。如，许多企业把微信作为推广的平台，就是因为微信有庞大的用户群。

社群运营

所谓社群运营，就是把用户运营的重心从今日头条、微信公众号、微博等平台转移到微信群、QQ 群等平台。因为社群中的用户属性很相似，推送的内容针对性更强，用户的反馈对提高销售转化有极大的帮助。

“东北大学考研群”是由东北大学学生会创立的，推送的内容有考试心得、励志故事、减压歌曲等，植入的产品有考试书籍、文化用品、课程课件，等等。

群友小唐把自己在北京某个考研辅导机构录制的课件经过授权后上传到群中，许多用户都说老师阐述问题条理清晰，而且内容非常适用。于是小唐销售配套的教材，很快就被抢购一空。

类似“东北大学考研群”的社群有很多。例如，李宁、小米都有用户专属的 QQ 群，运营者能准确找到社群中用户的痛点。如，案例中的考研群，考生最在乎的就是高效的复习资料，小唐免费上传课件，靠售书完成收益的做法，让考生觉得特别实惠，所以销量很高。

可见，社群运营能让销售更加精准，同时还能减少商家额外的买流量的费用。若是运营者擅于话题营销，采用社群营销的方式，通常会取得很好的效果。

店铺运营

想要运营好微信小店、天猫店等网上店铺，商家需要综合多种运营能力。在选品上，运营者要凭借产品运营思维来优化产品的种类，增减产品的数量；在用户管理上，需要按照用户的购买习惯对其进行分类；店铺的推广文案、页面设计需利用内容方面的知识做支撑，才能引起用户的注意；店铺在一些重要的节日，需要借助策划活动的能力，来提升用户活跃度。

想要从事新媒体运营的商家必须先确定自己属于哪个模块，然后才能快速掌握相关的能力。否则，很可能学无所用，白费力气。

4. 新媒体、微媒体、自媒体的区别

在互联网上，新媒体、微媒体、自媒体的名词经常出现。例如，有人把微信、微博归为微媒体，可也有人说这是自媒体。概念的混淆不清，把人搞得晕头转向。其实新媒体、微媒体、自媒体三者是既有区别，也有所关联的，很难把它们看成独立的个体。

自媒体的概念是由美国学者波曼和克里斯提出的。其定义为："大众通过数字技术与全球信息体系相联系，然后通过分享让别人知道你要传达的新闻或事件。"微媒体的定义为："由许多信息发布点组成的网络传播结构。"

可见，自媒体、微媒体都是新媒体的子集。只是自媒体被定义为一种传播信息的途径，发起者是普通大众，主要目的是和他人分享。微媒体被定义为一种由信息发布点组成的网络传播结构，更注重平台。

在几种媒体中，最为便捷的是自媒体。我们只要在微信上注册账号，就可以把信息传递出去。大多时候，人们把自媒体当做展示自我或娱乐大家的平台。例如，上传自己的生活照，发一些搞笑的视频，等等。只有那些很有影响力的自媒体才会被商家看重，与其进行商业合作，将自媒体的粉丝转为自己的用户。如今，许多企业都找自媒体

大V合作，不仅影响力大，还节省了广告费用。

故宫文化珠宝与时尚博主黎贝卡联手设计首饰。在创作过程中，相应部门充分借鉴黎贝卡的创意。经过长时间的打磨，黎贝卡交出了4款以猫为主题的设计图。产品只有400件，价位在399~699元之间，微店上线后只用了20分钟就全部售罄。

此外，故宫文化珠宝委托黎贝卡打造的“异想2018手账”在销售上也堪称神速，微店上线不到30分钟就卖出1万册。

相对于传统的广告宣传来说，自媒体最大的优点就是，推广者很可能是某个领域内的意见领袖，不仅有足够的创意和经验，还有大量的粉丝，可以让运营者输出的内

容更加时尚，而且有个性。案例中，黎贝卡就一改故宫以往庄严、贵重的风格，而是换成了更受年轻人喜爱的猫咪形象，并且价位也十分亲民，所以才能取得很好的销售业绩。

据相关人士透露，黎贝卡在为“异想 2018 手账”设计封面时，设计了很多样式，然后放到自己的公众号上，让粉丝帮助自己挑选最适合的一款，其中一些修改意见也来自粉丝的反馈。可见，自媒体不仅能为用户提供内容，还能调动他们的参与感。

就当下来看，自媒体是许多商家和个人都很喜爱采用的媒体类型。它可以利用新媒体的多方平台，对各种事物发表自己的看法，而且可以集广大粉丝的智慧，让内容得到更好的传播。

但是自媒体未必适合所有的新媒体运营者，所以要根据自己的特点去选择媒体类型，才更容易实现预期目标。

5. 运营不只是营销

有些人认为新媒体运营就是新媒体营销。二者虽然只是一字之差，但是在许多方面都有明显的区别。下面我们先来看它们的相似之处，然后再谈区别，从而找出新媒体运营的特点。

相同点

运营和营销这两个名词，早在互联网未诞生以前就存在了，而且就价值、运作方式来看，有很多相同点。

1. 作用相似

运营和营销的作用都是连接产品和用户的渠道。在两种经营方式中执行者都需要充分挖掘产品特色，并通过推送，让用户对产品有足够的了解。为了提高用户转化率，二者都要定期处理用户的反馈，然后与产品研发或采购部门沟通，以改善用户体验。

2. 环节、细节重合多

许多企业的新媒体部门设有设计、推广、文案、客服等岗位，新媒体运营和营销都离不开此类岗位，也就是说二者在环节上有重合。

落实到细节上，它们也有很多重合之处。如，一家家电公司要推出新款电器，所进行的一系列运作就不能简单概括为运营或营销活动，因为既有运营动作，如设计海报、撰写公众号文章等，也有营销动作，如挖掘产品卖点、给产品定价等。

但是在新媒体领域，二者还有许多差别，其中有三个方面最为明显。

1. 营销重策略，运营重细节

营销的工作重点是策略，优秀的策略是营销成功的关键。例如，海尔的维修团队乘飞机给用户维修冰箱，此举虽然看似浪费，却为海尔赢得了口碑，这是海尔能够赢得用户信任的关键。

运营的工作重点是把控细节，要是合理的策略忽视了细节，可能不会奏效。例如，宣传海报上没有加二维码而影响了销售效果。

2. 运营重内部，营销重外部

新媒体运营比较注重内部工作，例如，选题规划、账号管理、数据分析、内容推送，等等。新媒体营销则比较注重对外工作，如用户分析、用户跟进、产品分销，等等。

新媒体运营者在自身的不同发展阶段，可侧重采用运营或营销，以避免重复造成的浪费。

2019 年“妇女节”来临之际，微信大号“为你读诗”曾推出文章《飞到巴黎，只为寻一缕专属你的香气》。文章介绍了作者之前去巴黎旅行的习惯，逛“老佛爷”百货时会直奔香奈儿、Dior 的专卖店。可有一次，她居然被一家与众不同的香水店吸引了。该店的香水价格只有大牌香水价格的 1/3，于是她便带了几瓶回国送朋友。随后才在朋友那儿得知，它就是近年风靡法国的香水品牌 adopt’。

此后，文章介绍了该香水的由来。此香水的调香师跟香奈儿的调香师是同一人，研发的 adopt’ 牌香水，已经超过 120 种。香料来自有“香水之都”美称的格拉斯，并采用传统的蒸馏工艺制作而成。现在，这个品牌是“老佛爷”商店的新宠。

最后作者为我国女性推荐了 3 款 adopt’ 牌香水，分别为素雅·白茶、诱惑·白麝香、永恒·姜海之蝶，并介绍了产品的配料、使用方法、适用的人群和适用场合。

文章末尾植入广告：“女王节一次买 3 支，即送精美大礼包，点击图片，可马上参与活动。”

很显然，“为你读诗”就采用了新媒体运营的方式。就选题策划来看，选准了“妇女节”这个重要的节日。内容推送上，细节比较精准，而且兼顾国内用户的需求。如，不仅有活动链接，还交代了产品的价格、用料、使用方法，等等。这样的价位和质量正符合国人对产品物美价廉的要求，很可能引起产品的热销。

再从商家的发展阶段来看，“为你读诗”把侧重点放在运营上，是因为已经有了大规模的固定用户，且有很好的口碑，此时最关键的是为用户推送高质量的内容。把香水和“妇女节”结合在一起制作内容，正符合内容传播中对自然性的要求，有利于提高产品的转化率。

3. 导向差别

检验新媒体营销的成果，需要参考营销结果的数据，但是评判新媒体运营的效果则需要更多的标准，除了要衡量营销结果，还要看内容的阅读量、用户数据，既要考虑短期指标，还要考虑如何做成本预算，这样才有利于公司的长远发展。例如，一家公司衡量其新媒体运营的指标有：销售额、转化率、粉丝数、阅读量、点击率、好评率，等等，其中好评率是该公司关注的重点。

可见，企业或个人想要靠新媒体推动自身长远发展，就要有运营的思维。若是只看营销的结果，则很可能后续乏力。

6. 欧莱雅与戛纳联手的爆红直播

新媒体的输出形式有很多种，如，图文、视频、微电影、直播，等等。在这些形式中，许多企业偏爱使用直播。以往的直播大多是个人秀，现在的企业则在直播中植入了更多的元素，激起了用户的购买欲望。如，在直播中加入时尚元素，不仅能扩大影响力，还能提升销售业绩。

戛纳电影节对很多影迷来说是不容错过的“盛宴”，他们关注明星在红地毯上的风姿，企业家更关注这类“盛宴”能给自己带来的营销机会。

欧莱雅是戛纳电影节的赞助商之一，自然不会错过如此好的营销机会。它不仅邀请明星做代言，还采用了直播的销售方式。下面，我们就来看看它的运营过程。

早在戛纳电影节还没举行前，欧莱雅就在其官方微博上，发布了一系列跟电影节有关的海报，并采用了话题营销的方式。例如，推出话题“零时差戛纳”“戛纳直播间”，吸引了大量用户的关注。

电影节开始后，欧莱雅携手巩俐和美拍直播空降戛纳，马上开启一系列直播活动。随后，欧莱雅旗下的其他明星代言人也依次赶到，将直播全面推向高潮，活动引起了现场观众的极大关注。

但是该活动既没有璀璨的灯光，也没有精心设计的台词，只是通过美拍直播向观众展示这场盛会的每一个环节，用户还可以跟明星进行互动。这样的直播模式，调动了消费者的参与感，在互联网上可以尽情地分享自己的体验。这种方式不仅为欧莱雅赢得了大量的潜在客户，而且提升了粉丝和品牌的黏性。

为了提升品牌价值，欧莱雅还在这次直播中借助代言人植入广告，因为代言人都是临场发挥，语言、形态都很自然真实，这种方式取得了很好的宣传效果。如，代言人井柏然在直播专访中，为“欧莱雅男士保湿露”插播了一条言语幽默的广告，许多观众便马上购买了该产品。

李宇春在直播中向观众介绍了自己必备的美妆产品。如，欧莱雅 CC 轻唇膏、欧莱雅水光隔离轻垫霜等。此外，她还在现场拿出自己随身携带的欧莱雅唇膏，亲自示范使用，向观众展示效果。

在直播活动进行的同时，欧莱雅在天猫上的店铺也受到大量用户的关注。为了进一步提高用户转化率，欧莱雅还在官方微博中发送明星化妆的教程，并不间断推动相关产品的销售。

通过此次新媒体运营活动，欧莱雅收获了许多订单，尤其是由李宇春推荐的唇膏，更是卖到脱销。可以说，欧莱雅的宣传方式是新媒体运营中的典范之作。

首先，从选题策划上看，欧莱雅选择戛纳电影节做依托，必然会引起许多人的关注；其次，他们选择的代言人，既有实力派明星巩俐，又有青春偶像派李宇春和井柏然，广告的受众面十分广；再者，跟美拍合作，美拍有很多热衷时尚的用户，有利于欧莱雅引流；最后，李宇春在直播中展示效果，对观众有很强的说服力，能引起观众的抢购。

新媒体运营需要借势，并辅以适合的推广方式，才可能造成销售火爆的现象。就目前来看，直播是很受消费者喜欢的展示方式，而且涵盖的信息量大，新媒体从业者可以尝试使用。

第二章

新媒体运营者的进阶之路

1. 运营者要避免惯性思维

新媒体运营并非只是传播媒介的升级，它是一系列精细化操作的集合，运营者必须有清晰的思维和正确的管理方法，才能让运营更高效。

由于新媒体运营的效果有滞后性，运作的周期又很短，所以在进行活动之前，更要细心策划，同时还要避免走入思维误区，导致出现无用功。

现在，我们就来看看，新媒体运营者存在的几种惯性思维。

运营无需对产品负责

一些运营者认为自己的工作跟产品开发无关，因为从营销的过程上看，二者是先后关系。但是实际工作中运营者确实需要通过用户调查，来向产品生产部门提供建议，这样才能辅助其生产出更符合用户需求的产品。

此外，产品部门交付完产品以后，运营者也要向生产部门反馈用户对产品的建议，这样生产部门才能及时优化产品。

运营也适用“荷花定律”

许多人都听说过“荷花定律”，即池塘中的荷花开放的速度是越来越快的。有些运营者乐观地认为，运营也会有荷花般的爆发力。事实绝非如此，运营工作是不能速成的，它需要日积月累。

在新媒体运营中，优质内容是关键，这一点在自媒体大号“小小包麻麻”运营中体现得淋漓尽致，但是它的成长道路也可以称为“路漫漫，上下求索”。其创始人贾万兴，为了写出走心的育儿类文章，阅读了大量母婴类书籍，再加上妻子的帮助和建议，自信能写出备受用户欢迎的文章，可事情并不顺利，大约在两个月的时间内，他每天的粉丝增长量只有几个。他一度想要放弃，但最后还是坚持了下来。

有一天，他推送的文章《两岁的孩子为什么最烦人？家长该如何应对》，在短时间内阅读量居然接近1万，而且随着时间的推移，阅读量更是翻倍增长，居然为自己带来6万多粉丝。

文章取得了巨大成功，这让贾万兴备受鼓舞。不久后，他写出了阅读量高达500万的文章——《老公！请这样给我拍照》。

运营者日积月累，攒的是粉丝基础和经验，它们是良好运营的前提条件。“小小包麻麻”的创始人读了很多书却不奏效，是因为缺少实践经验。当他写出第一篇爆款文，这才找到了创作的正确方向，也扩大了粉丝基数。因此再创作出爆款文就相对简单多了，而且由于分享的用户有了一定规模，阅读量会快速增长，这为推荐产品打下了良好的基础。

可见，运营并非一蹴而就的工作，从业者想要实现目标，需要不断地坚持和创新，才有可能取得成功。

运营就是打杂的

运营工作包括很多细节，但是运营者必须有大局观，才能在运营时做到统筹兼顾。例如，搜狐联合沈阳地铁，在一号线上推出“写出你的地铁故事”活动，并把阅读量最高的文章打印后，放进一号线两侧的宣传牌。

搜狐的活动看起来只是搜集故事、做筛选、印刷、宣传这类琐碎的工作，但运营团队在操作过程中，从整体出发要求制作文章的版式与地铁文化的风格相一致，创作者对地铁的认识要和运营者想要宣传的内容相仿。这样就使运营工作的每一个环节与企业文化的整体风格始终保持了一致性。

运营部门只负责消费

一些运营者认为自己不同于营销者，自己只负责消费，不必研究怎么赚钱。这并不是运营和营销的区别，运营部门也需要通过营销活动获得收益。营销部门在对外宣传时，离不开广告投放，也需要花钱。所以运营者也必须做成本预算和策划活动。

运营者可以没有技术

运营者可以没有高超的设计水平，但如果没有一定的技术基础，必然会对运营造成很不利的影响。例如，不懂简单的排版和数据处理技术，想要跨部门进行沟通则十分困难，就会阻碍工作的进展。

以上惯性思维，运营者只要忽视其中一条，都会对运营造成不好的连锁反应。所以运营者要从理念、技术上双管齐下，才能让工作更加体系化，才能把工作整体优势发挥得更全面。

2. 运营者所需的基本能力

运营者想要借助新媒体实现收益，必须掌握该领域内的基本能力。这些能力包括：内容制作能力、项目管理能力、洞察用户能力、捕捉创意能力、热点跟进能力，等等。下面我们来看看，这些能力在新媒体运营中的作用。

内容制作能力

在新媒体领域，“内容为王”的理念由来已久。事实也证明，一个新媒体平台想要长久运营，关键就是要有用户需要的内容。为了不让自己的内容被海量的信息淹没，运营者在制作内容时，要注重以下三点。

1. 有价值

一篇文章最能体现价值的地方就是要有“干货”，这需要积累、筛选和专业化。若是没有内容制作能力，只能去搬运别人的信息，或者写毫无价值的流水账，这就很难吸引用户。

2. 原创性

在这个消费者追求个性化的年代，原创能力是新媒体运营者所必备的。因为原创具有独特性，可以丰富用户的精神生活。许多“网红”都是靠原创作品在网络上出名的，然后转型做内容电商，实现转变。

但是原创不易，新媒体运营者需要通过学习来积累知识，创作时才可能游刃有余。

3. 真实

由于网络自由性的特点，许多人会在网上发布一些平时生活中不想说的事情，这种不加掩饰的情感流露的文字，更受网民的喜欢，而虚情假意的套话会被忽视。

但是措词也不能完全生活化，以免让读者觉得创作者素质不高，从而影响阅读量。

项目管理能力

新媒体运营中每一环节都离不开项目管理。我们就以推广一篇文章为例，运营者先要制作进度表，规划出文章推送的时间和截止日期；随后要帮助编辑人员撰写文案；文案写完后，运营者要为其推广布局；最后是检查推广效果，并及时做出相应的调整。

洞察用户的能力

新媒体用户数的跨越式增长大多来自于爆发式运营，例如，一些自媒体创作者通过连续不断地推出爆款文提高了知名度。表面上看，是文章立意新颖，文笔幽默，其实主要原因是准确地洞察了用户的心理。

微信大号“视觉志”在2019年初春发表了文章《在20世纪80、90年代，摇滚就是我们的命》。文章开篇写道：

“自1989年，崔健推出专辑《新长征路上的摇滚》，已经过去了整整30年。可是现在崔健感慨，已经不再有人听他的歌了。那个人们追求真实和自我的年代也一去不返了。”

随后，文章讲述了我国摇滚乐的发展史，并插入代表人物的代表作。如，崔健的《一无所有》、许巍的《曾经的你》、黑豹的《无地自容》，等等。有些歌曲还讲述了创作背景，如郑钧的《灰姑娘》。最后文章呼吁人们应坚持自我，心中有梦。

文章的下面植入了“视觉志”的二维码，旁边标注：“想看更多走心文章，请扫描下方二维码。”

“视觉志”的用户大多是追求时尚的年轻人，他们喜欢音乐、美术、摄影，所以“视觉志”选择了音乐题材的文章，并选择了我国摇滚乐的发展已过了30年这个节点。插入的许多音乐都是大家耳熟能详的，许多人对歌曲背后的故事很好奇，所以会有兴趣阅读文章。这就是“视觉志”对用户心理的洞察。我们只有准确了解用户的兴趣点，才能保证选题的准确，这是成功的重要保证。

捕捉创意的能力

新媒体运营者想要让文章脱颖而出，离不开别出心裁的创意。但是个人的创意有限，运营者可以向用户求助，这对形成爆款话题很有帮助。

有了话题后，如何设计文案？哪些人是目标用户？什么时间推送效果好？这些问题都需要运营者仔细考虑。

热点跟进能力

新媒体的受众以年轻人居多，因此要随时关注一些热点话题。但是运营者要有一种意识，我们输出内容，不是博用户眼球，而是引起他们消费。因此跟进热点时要与企业的目标相结合。例如，著名企业家褚时健再次出山后，北京的一家书画培训机构上传了他最喜欢的一副对联——“好人半自苦中来莫图便宜，世事多因忙里错且更从容”，并阐述了学书法对人修身养性的好处，吸引了许多新学员。

该机构把自己的教学内容和褚时健的精神结合在一起，可谓自然巧妙。这就是许多运营者在跟进热点时要采用的技巧。

以上几大能力是许多企业对新媒体从业者的要求，但是运营者还要掌握更多的能力。例如，当下新媒体运营者必须熟练使用微信、微博，以后随着新媒体的发展，企业对新媒体从业者的要求还会有所变化，因此运营者要有针对性地学习相关技能。

3. 新媒体运营者的进阶路径

所谓新媒体运营者的进阶路径，就是指运营者的晋升道路。分别为：运营专员、运营主管、运营总监。不同的企业对上述职务的命名会有所不同，所要具备的能力也有差异，下面我们就来看看三者的差别。

运营专员

在小规模的新媒体运营团队中，运营专员有时也被称为新媒体运营助理。在大规模的运营团队中，运营专员被细分为：内容运营专员、产品运营专员、活动运营专员、用户运营专员和微信运营专员等。

内容运营专员要具备的能力包括：内容选题、内容策划、内容数据、账号运营、内容推广等；产品运营专员要拥有的能力为：挖掘用户需求、用户反馈、产品调整、产品测试等；活动运营专员需要的能力为：活动内容策划、活动方案制定、活动效果分析等；用户运营专员需要的能力为：用户分类、用户更新、用户留存等；微信运营专员需要掌握微信营销的技巧。

运营主管

运营主管是整个新媒体部门的负责人，所要做的工作是提升整个团队的工作效率，因此要做好评估和拆解等工作。

评估即估算各项工作的价值，无价值的工作要提前剔除，以保证运营的高效。

拆解是指对竞争对手或优秀企业的运营方式进行分析，学习其使用的方法，将来应用在自己的工作之中。

著名影星柳岩与淘宝合作进行直播活动。直播中先后推荐了6款产品，据统计，“大枣夹核桃”卖出两万余件，面膜卖出2000多件，定价1000元以上的手链卖出52件。

直播能够取得如此好的营销效果，最主要原因是，阿里巴巴和其他品牌合作商都在自己的官方网站直播了此次活动。此外，在直播视频的右下角有购物车按钮，观众可以马上购买被直播的产品。

我们拆解一些案例，运营主管从中至少可得到3个可借鉴的办法。

第一，采用企业和明星合作的方式，可以吸引众多的粉丝。

第二，让明星进行直播，并采取多渠道转发的方式，可让产品有更大的曝光率，还有可能为产品带来一些潜在客户。

第三，在选品方面，要找用户多、复购率高的产品，有利于销售。

运营总监

运营总监在新媒体领域相当于指挥官，其制订的计划在新媒体部门会引起很大的影响。因此运营总监要结合企业在市场上的定位，策划出与众不同的运行方案并严格执行。

成为运营总监后，还有几个渠道可供发展。第一，成为公司的副总经理，分管新媒体运营；第二，跳槽到规模更大的企业，依旧做新媒体总监的工作；第三，加入新媒体创业团队，主抓运营工作。

因为新媒体的工作需要很多技能，建议初步进入该领域的从业者从运营专员做起，积攒足够的能力后再做管理工作，这样把控全局的能力才会得到巨大提升。

4. 用数据代替经验

大数据技术为新媒体的蓬勃发展提供了巨大的助力。企业通过大数据分析，可快速找到有利于自己决策的信息。例如，用数据分析市场动态、用户行为，对精准营销有着不可替代的重要性。下面我们通过案例来看，大数据与经验相比有哪些优势。

易观千帆对娱乐直播的市场动态和用户类型做了精确的调查。截至2018年年底，国内的4G用户总数已超过7亿。4G的优点为：智能性高、资费便宜、网速快，这为用户看直播和做直播提供了便利的条件。据统计，一些知名的直播平台高峰时段同时在线人数近千万。我国秀场直播在2018年的总收入超过150亿元。

直播用户大多是“85后”，20~30岁用户占总人数的63.2%。自由职业者是用户总数的34.7%，学生占23.1%，工人和服务人员占22.5%。

通过数据我们可以得出以下结论：直播有广泛的群众基础；移动互联网为直播的发展提供了条件；直播的目标用户主要是“85后”；直播领域有很大的发展空间；内容

创作者想要赢得用户，必须注重内容的多元化。运营者有了这样的数据分析，在制作运营方案时就能有所侧重，以保证运营的良好进行。

在数据分析的过程中，分析得越精细，运营的效果越好。例如，近年很流行的人机对战，经常成为媒体上的热门话题。当我国围棋选手柯洁惜败给机器人后，知微传媒用大数据分析在《环球时报》的官方微博刊登了这一消息，引起很大反响。数据分析发现，大多数用户都是通过移动互联网来看这条微博的。在发表意见的人群中，普通用户占了 83%，微博达人不足 10%，但是很多普通用户是从微博达人那里得到的信息。这些用户中，活跃用户占到 28%，这足以制造一个热门话题。

我们试想，以上事情如果凭借以往的经验去做，很难有如此准确的预见性，因为经验具有滞后性。此外，再有经验的人思维也有局限性。例如，亚马逊以前有评估小组，他们负责给读者选书，但其中一些书籍销量很差。后来亚马逊采用大数据，销量好的书籍就多采购，这样就极大地提高了销售额。数据对用户行为的分析更加准确，新媒体运营者不可忽视。

但是也不要陷入“数据万能论”的误区，因为有些数据只能反映一部分用户的真实情况。例如，有些影视制作者只看上座率，却不看好评率，久而久之会掉粉的。此外，有些数据是由单一观众群体制造的，想要有更广泛的影响力是很难做到的。例如，电影《小时代》有很高的上座率，但是受众大多是 24 岁以下的年轻人。这样的数据不代表它有广泛的影响力。

借助大数据分析，一定要注重全面性，并找到重要的参照指标，进行深入的分析，才能让数据帮助新媒体更好的运营。

5. 管理者的战略规划

企业想要让新媒体充分发挥效力，就要从整体上设计战略规划，否则诸多细节无法承接，运营岗位的人员会无所适从。通常情况下，企业会借助性质定位、思路梳理、运营规划、落实反馈等几个步骤，来制定战略规划。

性质定位

所谓性质定位是指，企业在进行新媒体运营之前，先要确定新媒体要树立的品牌形象、产品类型和所要实现的功能。

品牌形象：企业出现在互联网上的形象，关乎企业的影响力，所以新媒体既要注重名称，还要考虑宣传时所采用的语言风格，才能给用户留下深刻的印象。

产品类型：新媒体运营者在进行宣传以前，先要选择好产品的类型。例如前文中，欧莱雅借助戛纳电影节来推销化妆品，因为此类产品和电影节的调性一致。

实现的功能：运营者采用新媒体时先要想好，自己是想通过它提高销售量，还是想提高服务质量或扩大影响力。

海尔是闻名全国的传统家电企业，但是在新媒体时代，却打造出了极具影响力的官方微博。究其原因，主要在于精确的新媒体定位。

就品牌形象上来看，编辑塑造出了“海尔君”这一形象，而且所采用的语言风格非常符合网民们的兴趣。如：“请不要叫我小编，我是海尔君！麻烦看到这条微博的人，向全世界转告‘我不是小编’。两天后，你们这些转发的小可爱们，可以免费获得我送的抽奖券，奖品是手持洗衣机。”

从海尔的经营理念上看，它完全可以称为“海尔君”。如，始终坚持以用户为中心的原则。再从语言风格上看，语言没有浓重的广告色彩，却向用户推荐了让他们好奇的产品——手持洗衣机，这样的形象定位和产品定位可提高产品转化率。可见，海尔借助新媒体的功能定位就是营销和服务，所以推出的产品十分适合用户使用。

思路梳理

定位解决的是方向性问题，思路解决如何前进的问题。如果企业的定位是“用先进的技术提高产品的销售额”，那么新媒体运营者的思路就应该是——“我该借助什么平台来展示企业技术的优越性？该找哪些新媒体平台进行推广？”例如，乐视曾在国内的科技大会上展示了自己研发的新概念汽车，然后通过搜狐向外界宣传，引起了网民的极大关注。虽然后来的造车行动一波三折，但当时的宣传效果却是非常明显的。

如果运营者把定位放在服务上，在线上推送的文章则应该跟服务有关。也就是说，思路要和定位相匹配。

运营规划

运营者设计好定位和思路后，接下来是具体的规划，需要列出阶段性目标和任务，等等。例如，部门的季度计划、月计划。就新媒体的传播性质来看，很难精确到每一天，所以要控制好节点。

落实反馈

落实反馈的重点是细节。若是团队成员忽视细节，以上的三步很难起作用。例如，内容运营团队要考虑如下问题：借助哪些内容平台？注册几个账号？每日推送什么内容？

其他运营团队也离不开精细化管理。如，用户运营团队，不仅要考虑用户来源，还要考虑如何维护客户和挖掘潜在用户。

在执行过程中，相关负责人要关注不同阶段目标的完成情况，然后做出及时而准确的调整。

新媒体运营管理者必须精心打造战略规划，从整体上部署新媒体运营中的诸多环节和细节，这样运营人员执行起来，才能实现预期的目标。

6. 运营管理中的关键词

新媒体运营者想要跟团队成员进行良好的沟通，必须了解一些必备的专业术语。术语要简洁，还要彰显自己的专业性。例如，说“转化率 20%”，就没必要详细说成“此次营销活动，购买的人数是参与者的 20%”。大家都懂的事，无需通俗化。

必用的专业术语包括策划、反馈、执行三大类。下面我们就来看具体有哪些内容。

1. 运营策划

运营者在落实工作前必须进行运营策划，例如，分析效果、设定方式、交流创意，等等。要是策划不正确，执行就会出错，就很难实现目标。

2. 用户画像

所谓用户画像，就是给用户贴标签。通过分析用户性别、年龄、生活习惯、消费习惯等信息，把用户抽象成标签化的模式。例如，知性女性、小公主，等等，这样更有利于新媒体运营者进行推广。

3. 意见领袖

是指某个行业中有话语权的人，如，名人、网红、微信大号，等等。最好的意见领袖，应该具备一定的专业性。

例如，阿迪达斯的运动型洗发露是和知名运动员联合研发的，再由这些运动员做推广，就更容易让粉丝信服。新媒体运营者可与意见领袖进行合作，他们的影响力能为企业提高品牌效益。

4. 产品矩阵

产品矩阵是指运营者针对用户的不同需求设计的系列化产品。如，团购产品、私人订制产品、一般消费品等。这样不仅可以满足不同消费者的差异化需求，还能适应用户的多种消费需求。

5. 文案

在新媒体运营中，文案的种类有很多种。如，长文案、短文案、多媒体文案等。长文案如常见的微信文章，短文案如微信朋友圈上很短的产品宣传。多媒体文案当下很常见。例如，微信公众号“十点夜读”，采用文字、音频、图画相结合的方式，对用户更具吸引力。

6. 软文

总有人把软文和文案混为一谈，其实二者是有所差别的。软文不包括那些硬性的广告，而是采用一种把要宣传的信息融入文章中的方式，起到春风化雨的作用。

一位从事旅游行业的运营者，写的文案被许多游客转发。内容如下：

当你爬格子的时候，

乌苏里江的金鳟鱼正跃出水面；

当你等公交的时候，

峨眉山的长尾猴刚好爬上树梢；
当你挤进地铁时，
鼓浪屿的海鸥在风中歌唱；
当你在会议上冲动时，
背包客正在泸沽湖边跳竹竿舞。
有一些车马无法到达的路，
有一些闹市中听不到的歌，
还有街巷里永不相遇的人。

文案后是一些精品路线。业内把其视为经典，因为它说出了许多人对自由的向往，由此吸引了大量的读者。若是不把它看成文案，本身也是一首很美的诗歌。例如，“当你在会议上冲动时，背包客正在泸沽湖边跳竹竿舞”这一句，足以引起读者的共鸣，我们有时候会与他人争论到大动肝火，而旅行的人正在满心欢喜地跳舞，这是多么让人羡慕的场景啊！

因此，软文一定要注重用户的情感和场景，才能让用户有代入感，激起他们的购买欲望。

7. 粉丝数量

粉丝数量的多少是新媒体运营效果的衡量标准之一。运营者在查看粉丝数量时，不要只看总数，还要看新关注的人数。尤其是运营者在进行拉新活动时，必须统计新增的粉丝数量，才能评估出活动的真实效果。

例如，一位运营者在微信账号上推送文章，一周积累的粉丝数量只有几十个，可见他的文章不利于推广。

8. 曝光量

曝光量是人们衡量产品或文章优劣的重要标准。运营者想要借助新媒体进行营销，首先要知道一些文章在微信、微博上的阅读量。例如，关于热播剧《都挺好》的话题，在百度上有很高的阅读量。运营者则可以借助这个热点发表看法，宣传产品，来快速吸引读者。

9. 读完率

读完率是指有多少用户读完了文章，它比阅读量更能反映文章的质量。此外，许多产品链接都在文章的结尾，要是读者没有读完文章，则很难去购买产品。

10. 跳出率

跳出率是指用户打开网页马上关掉的次数与总访问次数的比率。跳出率高代表用户对网页不感兴趣。为了提高网址的关注度，运营者要想方设法把页面打造精美，内容也要优质，以免用户打开网址后马上关掉。

11. 活跃用户数

活跃用户数是指经常浏览企业公众号或网站的用户数量。某公众号被用户关注一段时间后，用户的活跃度有可能有所下降。因此，运营者要撰写新颖有趣的文章或策划极具创意的活动来吸引用户，以保证用户的活跃度。

12. 好评率

好评率是衡量产品美誉度的重要标准之一。新媒体运营者需要关注的好评率包括：店铺评论区好评率、大众点评星级、百度知道差评比例、垂直类网站口碑等。

常见的垂直类网站有豆瓣、爱奇艺等，专门针对某些行业或作品进行点评。例如，电视剧《都挺好》上映后，在爱奇艺上可以查到它的评分。若分数超过 8 分，代表它的好评率很高。

13. 转化率

转化率在线下是指购物人数和到店人数的比例。在新媒体运营中，转化率不单指消费人数，还包括参加指定活动、下载软件、关注公众号的人数。

例如，一家超市推出扫码送大礼的活动，进店 1000 人，扫码者有 100 人，用户转化率就是 10%。

常见的专业术语还有很多，不再一一赘述。熟练掌握了以上术语，运营者就可以向上下级轻松阐述许多业内的问题，用来提高运营的成功率。

7.“来了老弟”竟成了网络流行语

如今，提起“来了老弟”这句流行语，几乎无人不知。这句话到底有什么来头呢？据悉，这句话来自于抖音上的一个短视频，上传者网名为“诤友”。视频中一位憨厚的东北大姐在卖烧烤，笑容满面地对来者说：“来了老弟。”

这句普通的话如此有魔力，就在于“诤友”是一个健身的狂热者，他经常说要节食减肥，但是每次看到烤腰子的时候都会控制不住。因为他经常光顾，大姐都会大声说一句“来了老弟”，这份热情同样难以抵挡。视频上传后，很多网友称“来了老弟”是魔性召唤，并且有网友把“来了老弟”做成表情包，在网络上上传，“腰子姐”成了网红。

有很多外地人专门开车去吃“腰子姐”烧烤店的烤腰子，还有同名的音乐和小品，还有人把其设为铃声。

外地人的慕名而去，网友的大力宣传，让“腰子姐”有了几百万的粉丝。记者专程采访她，她语气平淡地讲述了自己的经历和经商理念。

“腰子姐”说，自己从 12 岁开始就开始干烧烤这一行，头两年是卖臭豆腐，但是臭豆腐在东北远不如腰子好卖，于是就转型卖烤腰子。起初每天只能挣四五百元，现在成为网红，收入增长了很多倍，但是她觉得自己不能因此就骄傲，不能仗着名气偷工减料，让远道而来的兄弟姐妹们不满。她表示一定还要提高自己的技巧，只要大家吃得高兴，她才会有成就感。

我们从价值、原创性、真实三点去看“腰子姐”的新媒体运营。

从价值的角度去看，许多人都喜欢吃烧烤，而且东北的烧烤以串大、味美闻名，传播者发送这样的内容，许多人会觉得有价值，从而关注。

就原创性来看，视频来自于“腰子姐”的真实生活，完全没有模仿和做作的痕迹，而且是许多人经常接触的事情，所以受众面更广。

视频的真实性不只体现在生活上，还体现在“腰子姐”对创业经历和经营理念的阐述，自己烤腰子的原因是因为比臭豆腐赚钱。把腰子烤到远近闻名，也并非要成为网红，而是要最大程度让顾客满意，这样自己才有成就感。这种经历和质朴的想法能让观众觉得更加真实。此外，她也用产品证明了自己的经营理念，必然会得到更多人的认可。

可见，新媒体运营可以帮助个人或企业树立品牌，从而提高销售额。尤其是利用抖音、快手等用户活跃的新媒体，更可以快速吸粉。如果商家再采用合理的新媒体运营方式，必然会获得很高的转化率。

第三章

选品的技巧与方法

1. 产品运营者所需的理念

产品是新媒体运营的基础，所以产品运营者必须具备一些理念。如，用户维护、内容建设、活动策划，它们是连接用户和产品的三大层面，是提升产品价值的新媒体手段。下面我们就从选品、用户和产品的连接、产品价值、产品迭代四个方面，分析不同理念的作用。

选品

新媒体产品包括：手机软件、游戏、微信小程序、新浪微博等。运营者离开产品就无法在用户、内容、活动三者之间展开运营活动。

用户和产品的连接

新媒体最重要的作用就是做好用户和产品研发者及其他运营者之间的连接。例如，先分析用户反馈，然后联系产品开发者或询问其他运营商是否遇到类似问题。若是推送内容，运营者先要联系采购团队，然后再选择内容制作团队，大家才能通力合作，加强宣传力度。

每年的6月6日是斗鱼的直播文化节，只比京东的店庆日早12天。于是二者联合推出“618免费吃龙虾”活动，并于6月3日在官方微博上发布活动事项，斗鱼运营方邀请主播们参与活动。入围的主播不仅能获得京东提供的波士顿大龙虾，还有其他生鲜产品，报名时间为6月8日至10日。

这种连接方式能够最大程度地吸引两个平台的粉丝。京东店庆日的前一夜，京东和斗鱼在北京的一些地段推出“龙虾激战之夜”活动，斗鱼几大知名主播亲自到煎饼摊、烧烤店直播龙虾的制作过程，引起了大量网友的围观。据统计，当天观看直播的人数高达500万人次，京东生鲜的销量是去年同期的8倍。

斗鱼选择了京东的产品做宣传和营销，因为京东的产品在用户口中美誉度比较高，无须过多分析用户反馈，也无须太费力寻找采购团队。在内容制作上，多位知名主播的参与，能调动广大网民的兴趣，进而带来销售额的巨大提升。

由此可见，产品运营者在选品时，一定要想好产品和用户之间的相关性，然后再依托新媒体去运营，这就很可能取得超乎想象的效果。

产品价值

企业想要获得收益，在产品运营方面，就不能只关注人气、阅读量，因为你输出内容的目的是带动营销。例如，著名作家冯唐在微博上曾为阿芙精油的顾客写了几句话，该文案也在《南方都市报》的广告页刊载，为阿芙精油带来了许多潜在用户。

产品迭代

在新媒体时代，运营者对产品迭代的做法再也不能像传统企业那样了，以往一次搞定的经营理念会严重影响产品的销售。

所谓一次搞定，是指第三方公司按照公司的要求不断改进，一旦验收合格，第三方公司就可按计划运营产品。如果不符合用户需求，公司需再付第三方公司费用进行改动。当下，运营者可借助新媒体及时聆听用户反馈，然后跟产品研发部门一起做好产品的迭代与升级，才能避免因滞后性造成的过多支出。

随着互联网的不断发展，人们的需求更加多元化。新媒体运营者在理念上也必须做出相应的调整，才能不断优化自己的运营方案，从而减少出错的次数。

2. 如何识别产品的类型

借助新媒体运营产品，需要先识别产品类型，才能采用正确的运营模式。但是在互联网上，产品的分类方式没有一个固定的标准。例如，按作用可分为：社交类、出行类、观影类、知识类、餐饮类，等等；按人群划分可分为：职场类、学生类、老年类、女性类，等等。

运营者若是用滴滴出行的模式去操作爱奇艺视频，很可能失败。但是把产品类型划分得过于复杂，又可能会影响产品运营的进度。我们可以把它们先分为三大类，具体执行时再细化即可。

第一类是平台产品，即那些可以邀请企业或个人提供产品的平台，如，淘宝、京东等。

第二类是独立产品，是指那些由企业独自研发可满足人们某种需求的产品，如，QQ 音乐、墨迹天气等。

第三类是入驻产品，即那些可以在平台上提供咨询、课程、商品等信息的产品，如，京东电子书、百度教育，等等。

在以上三类产品中，平台产品和独立产品是十分类似的互联网产品，二者都需要开发和升级，所以在运营方式上也很相似，比如都需要通过活动来进行引流。此外，平台类产品的运营步骤十分精细，独立产品可借鉴它的策略。下面，我们一起看看，平台产品和入驻产品可采用的运营策略。

平台产品

平台产品的主要作用在于连接，实现价值的基础是人气。因此要不断吸引新用户入驻，并鼓励新用户推送新内容、发布新产品，以持续提高平台的人气。

为了提升人气，运营者可采用以下运营策略。

1. 制度引导

好的制度可保证平台良好的运营。例如，天猫就有条理清晰的规章制度，讲述了商家在开店、运营、处罚等方面的规定，对商家的不良行为有极强的约束力，这么做也会提升它在用户心中的美誉度。

2. 搭建渠道

平台运营者想要获得更多的流量，离不开搭建渠道去引流。可引流的渠道包括：合作网站、合作自媒体、合作网站，等等。其中引流较快的方式是广告投放，例如，京东在百度搜索页投放广告，大家只要输入“冰箱”“手机”等关键词，马上就会看到京东网站。

3. 活动统筹

我们以京东为例，入驻它的商家可以有更高的曝光度，但是远不如几位商家联动引起的关注度高。为此，平台运营者可借助一些节日，来组织全平台进行互动。例如，天猫举办的“双十一”活动，会有许多商家参与，并彼此互推，来提高影响力。

网易云课堂曾推出“全民充电节”活动。所谓充电就是为职场人士讲述相关技能。为了提高课程的销售量，网易云课堂联合平台上的多家机构进行全线促销，并通过赠送课程券、礼包等方式来提升活动效果。因为活动是围绕职场人士的痛点问题展开，所以引起了网友的广泛关注。

从网易云课堂推出的活动来看，与平台内的多家机构都能产生很高的关联性，所以非常适合联合促销，可提升每一位参与者的知名度。例如，喜马拉雅曾推出“知识狂欢节”活动，网易云课堂完全可以跟他合作，不仅可以提高内容的丰富性，更有利于自身的发展。

入驻产品

入驻产品可细分为内容类、实体类、应用类三大类别。

内容类产品是指借助内容平台进行销售的产品，例如，“十点夜说”推出的一些文章。

实体类产品即一些电商平台上出售的家电、女装、食品等。

应用类产品是指一些可以在应用市场下载的软件，如，微信小程序、百度小助手，等等。

入驻产品可采用的运营策略为口碑传播、排名优化。

1. 口碑传播

中小型企业和个人大多会选择入驻产品，因为资金有限，采用口碑传播的方式要优于花钱买流量。例如，健身高教练在微信朋友圈推出付费的健身课程，详细讲述了减脂的原理、增肌的方法、饮食的搭配，还有专门针对素食主义者设计的菜谱，受到了学员的一致好评。学员通过微信朋友圈分享课程，为其带来了几十万次的点击量。

2. 排名优化

入驻产品需要提高自己的排名，才有可能把流量引到产品页面。以百度为例，产品的排名越靠前，曝光率越高。新媒体运营者可从标题、销量、评价等方面实现排名优化。

首先是标题，最主要的是选用用户搜索频率较高的关键词。例如，广告《北京大客车出租》入驻百度平台后，用户只要点击大客车，马上就能看到该广告。

其次是销量，产品在同类产品中销售量名列前茅，在平台上也会有很好的排名。

最后，评价对排名有直接的影响。差评率高的产品很难有很好的排名。为了好评，首先要提升产品质量。另外，要通过一些方式让购买者留言。

运营者必须有识别产品类型的能力，才能把运营策略运用得恰到好处。要是识别出错，很可能事倍功半，得不偿失。

3. 产品的生命周期

每位运营者都希望自己的产品一上线就成为爆款，而且长销不衰，可这是不容易实现的。业内把由盛转衰的过程称为产品的生命周期。

互联网产品的生命周期不同于传统产品，它从进入市场阶段，生命周期就开始了，经历的循环阶段有：验证、开启、生长、平稳、衰弱。

正是因为有生命周期的存在，运营者在采用营销策略时不可一成不变，要根据不同阶段的特点做出相应的调整。

验证

不被用户认可的产品很难热卖，因此在产品上市前，必须进行验证，以防投放后没有用户购买，浪费财力和时间。

运营者可让产品研发者先生产小批量的产品，然后拿到市场上验证，这样不仅可以把损失降到最低，还能检测出产品是否受市场欢迎。

如，微信有很多测试版本，要是用户使用率高，则可以投放使用。其他产品也可以采用这种方式，要是你想推广一门课程，可开发几节课，看看用户是否喜欢你的内容和授课风格。

试用产品开发后，运营者要关注用户反馈。对于受用户欢迎的产品，要根据用户的建议进行优化；对于不符合用户需求的产品，运营团队应该围绕它的价值进行讨论，然后决定是否继续开发。

开启

开启阶段是指运营者完成了产品最初版本的开发并上线。此一阶段运营者必须在两个方面有所注重。

第一，口碑传播。处于此阶段的产品大多不够完美，如果此时进行大规模的广告宣传，反而会导致用户的大量流失。因此，运营者要精心设计传播环节，引导用户分享你的信息。

第二，优化产品。上线的产品很难满足用户的多种需求，因此运营者要多做用户调查，然后根据用户的反馈去调整产品。

生长

在这个阶段，产品正式进入市场。运营者要做的是，采用一些策略来获取新用户。可采取的办法是提高产品知名度和扩宽宣传渠道。

提升产品知名度的方法有很多，如围绕产品讲故事、搞活动等，这么做可以引起消费者的关注，也可以提升产品的影响力。

爱乐舞健身中心曾在微信上推出一个测试活动，测试用户是否适合当健身教练。用户要输入电话号码，测试才能开始。测试项目有：身高、体重、年龄、爱好的体育运动、100 米速度，等等。用户填写后，手机上会自动生成答案。要是适合率超过 90% 的用户，还能得到红包奖励。

此后，爱乐舞健身中心会给急需健身的测试者和身体素质良好的用户打电话，从而实现了很高的用户转化率。

爱乐舞健身中心推出的活动正符合当下的健身热，而且测试的内容新颖，容易引起用户的关注。再加之，对目标用户的精确定位，更容易赢得用户。据调查，选择健身的人中急需健身者比例最高，其次是需要保持健美体态的人。

此一阶段的拓宽渠道是指为产品挖掘可以引流的渠道，提升产品的曝光率。运营者可以采用的渠道有：官方网站、微信、微博、自媒体、论坛、百度等。但并不只局限于线上，也可以进行线下推广。

平稳

平稳阶段的主要工作是提升用户活跃度，以防用户流失。据相关人士调查，得到一个新用户花费的成本将是维护老用户的 6 倍。可用的策略有：讲故事、活动、奖励、积分，等等。

衰弱

造成产品衰弱的原因有两个。一是产品更新的速度过慢，用户会失去新鲜感，从而放弃；二是随着科技的发展，产品在整个市场销量大减。例如，智能手机出现后，许多传统网站的访问量出现下滑现象。

在这一阶段，运营者必须采取一些策略降低损失。例如，在原有产品的基础上进行开发和转型，以迎合网民们的需求。要是产品无法转型，则需要开发新的产品，然后把现有产品的用户转移到新的产品上。

运营者一定要遵循产品的生命周期，才能以灵活的方式使产品始终符合用户的要求，以确保不被市场淘汰。

4. 选品需要专业化和精细化

新媒体运营者想让用户购买自己的产品，就要给对方创造沉浸式、单独评估等消费场景。我们重点说单独评估。单独评估就是指让用户关注产品的某项优点，而不是分析性价比。可见新媒体在调动用户购买欲望的决策上跟传统电商完全不同。

此外，人们购物的倾向性也和以往不同。过去用户会货比三家，现在要看推荐产品的人是否值得自己信赖，产品是否有特点。这就要求新媒体运营者对产品有更加专业的了解。

湛庐文化推出“微软小冰”写的诗歌集《阳光失去了玻璃窗》，这是有史以来第一部由机器人写的诗集。

据相关运营者说：“‘微软小冰’的定位就是少女诗人。为了提升它的文学修养，设计师让它学习了数万首我国诗人写的诗歌，并让它不断创作。起初它创作的诗歌语意不畅通，但500次创作以后有点儿起色，经过一万次以后，它的诗歌就有特色了，目前它已经在豆瓣、天涯、简书上发表了多首原创诗歌，而且有自己的行文风格、写作技巧、题材偏好，俨然一个活人。”

因为运营者对“微软小冰”专业的描述，《阳光失去了玻璃窗》不仅热销，还引发了用户对机器人能否取代作家的讨论。

作为新媒体运营者，你在产品方面要有足够的专业性，才能让用户相信你的产品具有独特性和优越性。案例中的运营者就是如此，在人工智能高度发展的今天，他选择“微软小冰”写的诗集，并讲述了“微软小冰”的创作进化史，不仅能证明该诗集有很高的写作水平，还能让读者相信运营者的专业性，足以获得用户的认可。

有些新媒体运营者的选品极具专业性，因此总想在文案中多展示产品，这种方式必然会影响内容的展示，进而降低内容的影响力。在这个内容为王的时代，产品不可喧宾夺主，所以选品必须精细化。例如，良仓是由很多美学达人打造的生活美学社区，主要内容是讲述一些有趣的人或事，通常还会放置一个与内容有很高关联性的产品。

可见，在新媒体推广中，内容性越强，能给产品的展示空间就越小，为了保证销量，就要靠选品的精细去弥补。例如，在初冬时节推送一款小巧节能的暖风机；秋天可推送运动装、空气加湿器，等等。这些产品实用性很强，必然会有很高的转化率。

在选品上，运营者要兼顾专业化和精细化，前者的主要作用体现在内容上，专业化的内容会引领用户寻找相关产品。选品的精细化正可以满足用户的需求，二者相辅相成，对用户来说更具说服力，可突破产品展示数量对销售额的影响。

5. 选品的原则和禁忌

新媒体运营者在选品时，有一些原则我们必须要遵守，有一些禁忌我们也必须要牢记。我们先来看一些原则，再来看禁忌。

运营者需牢记的原则有：高复购率、高毛利润、高相关性、高内容性、低客单价、低曝光率，等等。

高复购率

许多新媒体运营者会选择面膜、护手霜等产品，就是因为它们有很高的复购率。高复购率可保证运营者快速实现回款，否则会给自身带来很不利的影响。例如，一些手机经销商因复购率低而亏本。因为很少有人会频繁换手机，所以回款困难，产品容易积压，因此新媒体运营者要多选择复购率高的产品。

高毛利润

新媒体运营者也需借助毛利润来实现收益，所以要找毛利润高的产品。用户在单独评估的情境下，大多不会计较价格的高低，商家很容易获得超高的利润。此外，高质量的内容会让用户忽视产品的价格。例如，商业歌曲《彩云之南》的创作，歌词里描写了云南美丽的风景，直接吸引了大量的游客。

高相关性

大多新媒体运营者有极高的用户黏性，这既离不开优质的内容，也离不开高相关性的产品。大多数用户会有这样的心理，就是看到一篇好文章，就立刻想要购买它关连的产品。

有款豆奶曾配套出了一款瓷杯，宣传内容就印在杯身上。如，“见到它就提醒我，该为你准备早餐了”。

该内容平实真诚感人，而且产品和内容有很高的相关性。许多人早餐喜欢喝牛奶，瓷杯正是必备品。有暖心内容的瓷杯，会有更多用户喜欢。

我们试想，这款豆奶除了推荐瓷杯之外，还可以推荐面包、咖啡等相关产品，并配上相应的文章，都可能激发用户的购买欲望。此外，很多产品有配套产品，同时展示也会取得十分好的营销效果。如，向登山者推荐登山杖的同时，也可以推荐登山鞋、登山包等，这就可以获得更高的整体销售额。

高内容性

新媒体运营者想提高用户转化率，推文必须具备高内容性。例如，内容可体现产品的独特性、价值，等等。如篮球明星帕克为匹克公司代言，广告中讲述了该公司追求卓越的企业文化。这样的价值阐述更能调动用户的感情，可促进产品的销售。

低客单价

每位运营商都希望产品有很高的定价，但是超出了消费者的购买能力是不行的。尤其一些中小企业，用户多数为普通民众。要是产品的单价定得太高，对方就不会购买了。为此，可以适当调低价格，这方面的损失，用户购买的数量会帮你弥补。例如，用户二次购买你的产品，这远比高价卖不出去收益大。

低曝光率

许多新媒体运营者认为曝光率越高的产品越畅销，事实绝非如此。因为你要跟许多大电商进行竞争，想引起用户的注意很困难，不如另辟蹊径。例如，卖一些各大电商平台上还没有热卖的产品，这样的产品能吸引喜欢个性化购物的用户。此外，这些产品没有同类产品做对比，用户不会受到综合评估的影响，更有可能购买产品。

以上有关产品选择的原则是必须严格遵守的，但是只遵守原则是很难实现良好运营的，运营者还需记住一些禁忌。下面我们就来看看，到底有哪些禁忌。

不选有缺欠的产品

外形或质量上有缺欠的产品，大多数运营者都不会去选。最可能错选的是功能上有不足，可短时间却看不出来的产品。例如，有一款手机功能很全，但是使用一段时间之后，运行经常出现卡顿。商家原计划一个月内卖出1000台，最后连200台都没有卖出去，因为它有隐患。

还有一种缺欠叫“材质本良好，但是没效果”。例如，一位新媒体运营商选择了一款护手霜。一个月内才卖出2000多支，还有老用户流失现象。究其原因，就是用户不能在产品上看到自己预期的效果。所以选品还要重视效果，才能更符合用户需求。

不选没有认可度的产品

用户不认可一款产品的原因大多是质量不过关或缺少品牌效应。在当下，此类产品就算采用低价的方式，也很难销售一空。

此外，企业的专业性也是用户认可的关键。我们就以空调为例，要是把格力的空调和新飞的放在一起，大多数人都会选择格力。因为格力是专业做空调的，所以在用户中比新飞认可度高。像格力这种可以给某个领域做代言的产品有很多。例如，提到白酒，许多人会想起茅台；说到篮球，许多人会想起乔丹牌篮球鞋。选择这样的产品进行销售会更顺利。

不选用户质疑的产品

有些运营者为了吸引用户，去选择低价爆款。这种做法貌似正确，其实不然，许多爆款产品是通过广告推动或降价促销来实现的，这不是新媒体运营者应该采取的方式。我们应该凭借内容来引起用户的关注，并与用户建立长期稳定的情感连接，从而让用户不再计较价格的高低。

运营者必须遵守选品的原则，并牢记选品的禁忌，才能在运营中减少损失，并充分发挥新媒体的优势，从而达到事半功倍的效果。

6. 围绕内容来选品

新媒体运营者的经营模式通常是，先选择内容，然后通过内容吸引读者，让读者购买商品。这样的销售方式跟传统电商直接展示产品进行销售不同。因此挑选产品的技巧也要有所改变，根据内容划分产品的类型和领域是最重要的方法。

例如，“声乐小万”是沈阳音乐学院声乐系一名学生，她经常在微信朋友圈发布关于声乐方面的知识，由此获得了很多人的关注。随后她推送一些演唱会的门票，每次都被粉丝抢购一空。

类似小万的案例有很多。例如，小娟原本是一家艺术辅导中心的美术老师，后跨界经营美食产品，接连推出了由水果和面粉制作的五彩饺子皮及用来榨汁的榨汁机等。她在微信朋友圈推送的文章都围绕营养学和色彩心理学展开，这样做不仅提升了内容的针对性，而且更有利于用户购买产品。这就好比我们去国美买电器，相关产品就摆在相应的展柜里，用户需要什么自然就会去选购。

新媒体运营者把内容领域划分得越精细，确定产品类型就越容易。例如，新媒体运营者先会用文章说明产品的作用，然后再推出相关产品和服务，一切都有很高的相关性。微信公众号“川蜀美食”围绕各地美食推出相关的食材和厨具，读者可根据内容去寻找相应的产品，实现产品转化就变得更加容易了。

浦东图书馆曾在微信上推出一篇文章，标题为《掉入地下一万米，你会看见啥？》。文章采用了图文结合的方式，讲述一场台风过后，地面上出现了一个又黑又深的大洞，有人出于好奇，竟爬到了洞底。在洞底他看到了蠕动的蚯蚓、土豆、树的根部、法老的坟墓、宝藏、巴黎地下墓穴、东京地下下水道，等等。

在一系列的介绍中，还穿插了许多历史故事。例如，南非人为了淘金，洞穴最深挖到地下 4000 米。

文章的最后植入浦东图书馆推出的“教育与人生”专题讲座，还有关于讲课地点的二维码。许多读者读完了文章后，决定去听讲座。

文章的标题就很吸引人，而且内容不仅能满足人们的好奇心，还极具故事性，能让人继续读下去。用户因为对文章的喜爱，自然会选择参加浦东图书馆推出的讲座。

在挑选产品上，还有一点是必须高度重视的，就是选择标品还是非标品。例如，人们常用的手机是标品，用户多，但是并不适合新媒体运营，因为同质化产品很多，很难脱颖而出。采用非标品，在创意设计上无须像标品那样挖空心思去想新颖与否。此外，非标品可以满足一些用户的个性化需求，有利于形成社群，有更高的用户黏性。而且就新媒体来看，非标品也符合它的选品标准，可是非标品很难找。我们要找到适合变现的非标品，可以查看京东、淘宝等平台的产品数据库。了解了产品的销售情况，才能更好地选品。

新媒体运营者采用内容做导向，与用产品做导向相比，外延拓展空间更多。此外，在确定目标用户时也更精准。例如，你写育儿方面的文章，自然就会去找那些宝妈们。她们会与你沟通，向你反馈很多重要信息，如此你才能把内容写得更好。综上所述，利用内容做向导，更有利于产品的销售。

7. 关注用户心理需求

关注用户的心理需求就是要讲求以细节取胜。例如，你只知道用户喜欢水果，这是远远不够的，你还需知道他喜欢的水果种类，这才能做到适销对路。要是我们忽视了用户的细小要求，是很难动员用户购买产品的。

下面，我们一起看看，用户的哪些细小要求是容易被运营者忽视的。

简单之心

运营者挑选的产品有什么功能，应该让用户马上明白。可是总有一些运营者故意用许多修饰词或术语来说明。例如，有位新媒体运营者推出一款智能剃须刀，说明书上有一些代表高新技术的术语。然而用户却完全不了解这些科技的作用，无法知道它的优点，自然不愿意去购买。

此外，产品的外观也要关注。有人认为复杂的外观更受用户欢迎，其实正相反，大多数用户喜欢简洁大方的产品，要是操作界面也一目了然，会更受欢迎。

好善之心

所谓好善之心是指许多人都有为他人奉献的精神，这样做不仅能帮助他人，还能让自己身心愉快。如果新媒体运营者推出的产品能让用户受益，这样的产品必然会受到他们的欢迎。

戒备之心

用户对新媒体运营者推出的产品大多会有戒备心，尤其是遇到多次推送广告的运营商，会十分反感。因此，就算有很高用户黏性的运营者也应该用极具说服力的证据让用户信服，以消除他们的疑虑。

可以得到用户信任的产品有三大类。

第一类：经过用户多次使用，已经被认可的。例如，小张喝了多年的百岁山矿泉水，认为该矿泉水水质好，如果运营商向他推荐这款水，他很可能会购买。

第二类：有权威机构认证的产品。例如，莫言获得了诺贝尔文学奖，读者必然会认可他的文学功底。

第三类：可以兑现承诺的产品。例如，免费试用、三包、货到付款、免费保修，等等。

好胜之心

所谓好胜心是指有些人希望在人群中独树一帜，彰显个性。例如，一些运营商推出的产品是全球限量版，这样就可以满足用户对产品与众不同的要求。

好奇之心

每个人都有好奇之心。有趣好玩的产品可以调动人们的好奇心，并让人们去研究它的有趣之处。让产品有趣的方法有很多，例如，造型、功能、标语，等等。

江小白是深受年轻人喜爱的品牌，它的许多标语能引起用户共鸣。例如，“青春不是一段时光，而是一群人”。

一些年轻人因为这句话说得有趣，且很有哲理性而去买酒。

当下，用标语来吸引顾客的产品有很多。如，可口可乐、农夫山泉，等等，但是能做到像江小白这样优秀的并不多见。人和人之间的误会，很多就在于不知道对方是怎么想的。有时候想得长远的人会让别人觉得不够果断，这种委屈足可以喝一杯解忧，于是江小白就完成了话题营销。

辨别之心

如今，许多互联网用户每天都要受到信息的轰炸，所以对许多产品产生了反感。可出于日常需要，又不得不面对，于是有的运营商根据用户需求划分层次，层次越多的用户对产品的要求越严格，但是他们对产品的要求还是有重点的。如果你能抓住重点，就能获得他的认可。例如，一位运营商向小高推荐带图案的罐子。小高说：“罐子的质量很好，只是我不喜欢它的颜色。”面对这样的用户，你的产品则应该注重颜色的选择。

运营者对用户的需求了解得越细致入微，在选品的时候，越能挑到最符合用户需求的产品，同时也提升了用户的满意度。

8. 草根于 MOMO 的单品竟卖几万件

提起靠新媒体运营成功的个人，许多人马上会想起薇娅、黎贝卡等网络红人，于 MOMO 也是其中之一，她开设的网红店收入跟以上几位网红不相上下。2018 年淘宝“双十一”，于 MOMO 推出的女装在淘宝单品销售榜上跻身前十名。下面，我们一起来看于 MOMO 进入新媒体的原因和取得的成绩。

于 MOMO 和丈夫卢恺是大学同学，二人毕业后，就在淘宝上开设了两个格子铺，其中一个用于卖女生喜欢的装饰品。最初的进货地点是杭州四季青服装批发公司，卢恺负责选品和上货。

他们之所以选择做电商，是因为于 MOMO 早在大学期间就在淘女郎上做兼职，不仅积累了足够的工作经验，还曾拿到一款大衣的销售代理权。该款大衣先后卖出了几万件。

卢恺用大数据分析的方法，帮于 MOMO 分析该款大衣能够成为爆款的原因，掌握了在淘宝上卖货的一些技巧。随后二人创立了曼熙电子商务有限公司。产品采用薄利多销的方式，正好符合当时大量用户的需求。

但那时网上有很多商品的质量不如线下商品，而且供货速度也不如线下的商品。为此，于 MOMO 主打私人订制的方式，要求供货商的产品质量要与线下的专卖品质量相同。就是这种抉择，让于 MOMO 在阿里巴巴发布的“网红消费影响力综合排名”中位列第三。

于 MOMO 看到网红对销售的巨大带动力后，采用了通过微博向淘宝引流的方法。在这一过程中，内容的质量至关重要。于 MOMO 按照用户的反馈，及时调整产品，提高了粉丝的忠诚度。

当下，新媒体最常用的营销方式是直播和短视频，于 MOMO 也采用上述方式进行营销，曾在 24 小时内创造了 3700 万元的销售业绩。

为了不断提高自己的人气，于 MOMO 和卢恺又创建索星文化创意有限公司，先后签约数十位网络红人。一旦这些网红成为超级 IP，于 MOMO 将借助自己的供应链帮他们运营产品。

网红们所处的领域不同，带来的粉丝群体也不同，最后形成了多领域覆盖的局面，可发现更多的需求点。例如，于 MOMO 发现婴幼儿产品有很好的市场前景，便开设了一家童装店。现在正在规划开男装、美妆、零食等店铺。

在店铺管理上，于 MOMO 采取数据化管理的方法。每天运营时的第一件事就是查看昨天的交易量、点击量、客单价，等等。

当下，很多新媒体运营者还只是停留在内容宣传阶段，对数据管理的管理理念还不熟悉。于 MOMO 通过体系化的数据管理方法，再加上网红的影响力，将会有更加广阔的发展前景。

9. 新媒体运营者的选品渠道

新媒体运营商想要满足用户的需求，在选品渠道上一定要多样化。就以那些借助平台推送内容的商家为例，当他们有了一定的用户规模后，原有平台上的产品极有可能出现不够用的现象。此时若是没有其他渠道，很可能脱粉。为了不让这种情况出现，新媒体运营者一定要多选择几个产品渠道。现在，我们去看看，究竟有哪些渠道可供选择。

1. 自主研发的产品

当新媒体运营者的用户形成了一定的规模，就应该尝试自己研发一些产品了。例如，沈阳盛京医院采用新媒体进行推广，植入的产品有自主研发的爽身粉、药物洗头膏，等等。价位适中，且疗效好，受到了用户的一致好评。其他领域的电商若是有大量的用户，也可以根据自己策划的内容，推出相关的产品。

小美是一名尊巴舞教练，创立公众号“锐舞”，给大家讲如何快速而健康的减肥。例如，有人认为有氧运动减肥最快，但是容易造成皮肤松弛问题。针对这一问题，小美建议用户做一些力量训练，因为通过力量训练获得的肌肉，不仅能防止皮肤松弛，还能提高人体的新陈代谢能力。小美讲解的内容，因为解决了健身爱好者的痛点问题，她的公众号很快就有了大量的粉丝。于是她自主研发了一些有利于塑形的舞蹈动作，并向用户讲解每个动作的作用，得到了用户的一致好评。

小美通过输出减肥方法来吸引用户，并研发出塑形舞蹈来完成收益，这正是许多新媒体运营者的成长之路。有人说："我没有开发课程或产品的能力，该如何自主研发产品呢？"你可以靠自身的特点为相关产品做代言。如，一位员工常年健身，他便可以向大家展示自己身穿的健身衣和脚上穿的鞋，并详细讲解健身衣和鞋的重要作用，很快就取得了很好的营销效果。

2. 供应商提供的商品

新媒体运营者有了大量的用户后，通常会自己搭建电商平台，以便和供应商进行合作。如，"腾讯体育"会搭建体育用品平台来经营产品，在平台上价值上千元的篮球鞋可能只卖几百元。"虎扑识货"也与供应商进行合作，推出的产品具有成本小、利润高的特点。

要是你选择的供应商有很高的品牌效应，还有优秀的设计团队，推出的产品可做到独一无二，在市场上就不必担心被竞争对手用比价的方式打败了。例如，李宁曾联手小米科技推出一款可以计算消耗热量的运动鞋，受到了许多用户的欢迎。此外，和知名的供应商合作，可减少广告宣传所需的费用。

当下，许多寻找供应商的新媒体运营者在互联网上搭建了商城。供应商主要负责后端商城的搭建，然后链接内容。用户点击内容后，就可以进入商城。例如，有些时尚商城聚合海内外多家电商平台，可为用户提供选择的产品超过 5000 种。如此巨大的选品范围，新媒体运营者在上面足可以挑选到自己喜欢的商品。

中国国艺人民画院下设人民艺术收藏网，与其合作的艺术家有几百人，平均每周展示的作品数量可达 6500 幅。这些作品都是经过相关部门精挑细选的，不仅能保证产品的质量，还能不断丰富产品种类。

据悉，目前该收藏网已经和多家艺术品销售平台进行了合作，可以给产品一个很客观的定位，以保证产品在书画领域内更具竞争力。

以往，许多新媒体运营者因不会借助供应商打造优质的产品供应链，而造成了产品匮乏的现象。为了解决这个问题，运营者也可以向中国国艺人民画院学习。在这个互联网的时代，我们可以打造一个自己的平台，然后整合供应商的资源。这样做不仅能扩大产品的渠道，还为自己创造了更多的挑选空间，对用户更有吸引力。

电商平台中的商品

电商平台中的商品，大多是符合大众需求的一些标品，在该平台上选品，必须关注以下几大要素。

1. 产品种类

产品的种类可划分为：日常消费品、非理性产品、粉丝产品、新奇产品等。新媒体运营者在选择之前，先要多问自己几个问题："我的产品可满足用户的哪些要求？""产品在市场上是否畅销？""产品的数量能否满足用户的要求？""这是不是用户的必需品？"弄清上述问题对产品渠道的选择会很有帮助。

2. 传播范围

新媒体运营者选择渠道的主要目的是扩大内容的传播范围，但是必须考虑一些渠道的投入成本和转化率。例如，百度推广采用竞价排名的推广方式，如果是经济实力不强的中小企业，就不适合选择百度推广；如果采用微信推广，就可以节省很多成本。

3. 产品数据

在这个大数据时代，运营商可以通过第三方提供的数据来衡量产品的竞争力。例如，借助一些电商平台查询同类产品的评价、销量、样式等数据，通过这些数据可以找出自身产品的优缺点，可防止盲目上市造成的损失。

运营商有了渠道不仅可以解决产品供给的问题，还能借助第三方的数据或反馈自我完善，最后和第三方形成一种良性循环，对优质内容的打造和产品的研发都有极大的帮助。

10. 美宝莲的订单潮

当红明星杨颖是美宝莲产品的代言人，曾出席美宝莲在纽约举办的“Make It Happen”的秀场发布会，该发布会的主题为“美妆与互联网的跨界合作”。在发布会上，美拍借助“美拍直播”的方式进行产品营销，获得了如潮的订单。

为了提高直播的吸引力，杨颖不仅跟到场粉丝进行直播互动，美宝莲还邀请了几十位极具影响力的“网络达人”进行现场直播，其声势浩大，这么做就满足了大多数粉丝的需求，而且美宝莲还有多种有趣的活动。如，粉丝可以和杨颖玩“快问快答”游戏，给用户发放小礼物，等等。粉丝通过和偶像的零距离接触，看到了偶像的另一面，从而更加喜欢自己的偶像。

据统计，杨颖的直播时间才 21 分钟，却有 7 万多美拍用户在线观看，并且获得了超过 100 万的点赞。此外，参加互动聊天的人过万，推出的产品也被抢购一空。

有一次，杨颖去参加美宝莲的新闻发布会，车被堵在了路上。其实这只是一次再正常不过的堵车，美宝莲的随行人员却拍摄下来，并在淘宝上进行推送。用户只要打开手机上的微淘页面，就能看到杨颖的实时状态。

许多人会说，这样的直播和电影后面的拍摄花絮没有什么区别，事实绝非如此。美宝莲借此机会在直播页面卖起了口红。在直播界面，用户会看到一个购物车按钮，观众单击购物车就可以把美宝莲推送的产品放入购物车。

这个只有 2 小时的直播为美宝莲带来了 500 万人次的观看量，口红卖出上万支，获得了 142 万元的销售额。

可见，企业的运营者借助新媒体可以实现巨大的收益，要是善于采用适合的形式，可能会有意想不到的收获。美宝莲就是因为采取了直播这一受欢迎的方式，才获得了大量的观众，为获得收益创造了前提条件。

如果想销售产品，还需借助选品、支付流程的支持，才能取得最佳的营销效果。美宝莲在选品方面，推出的都是使用量大、复购率高的美妆产品。就如上述案例中的口红，它是许多女士必备的化妆品，所以有大量的用户。再加上这次直播，可从杨颖的粉丝中引流，节省了宣传费用。

支付流程也是影响用户购买产品的重要因素，用户很少买付费麻烦的产品。美宝莲在页面上设置购物车，用户选品后可快速下单，所以很快能购买到此产品。

如今，借助新媒体提升影响力和销售额的运营者有很多，要想通过新媒体获得最大利润，运营者需巧妙使用宣传和营销的技巧，这样才能在激烈的市场竞争中以巧取胜。

第四章

让用户助力新媒体运营

1. 明确受众的属性

“以用户为中心”的经营理念每位新媒体运营者都懂，但是要真正做到这一点并不容易。如，我们一般认为用户最注重的是质量，其实他很可能更注重外观。我们要是不了解用户属性，很难实现自己的预期目标。因此，新媒体运营者必须先弄清用户属性。

构成用户属性的要素主要有：年龄、身份、情感、知识构成，等等。在这些要素中情感对用户属性的影响最大，它包括一个人对待事物的立场、价值观、情感导向、兴趣爱好等。若是用户在情感上不能接受你的产品，你推荐得再巧妙都没用。

例如，一位青年很喜欢读书，便让朋友给他多推荐几本。于是朋友向他推荐了林清玄的书，他却说：“林清玄的书太温和了，我喜欢的是张爱玲那种真实、尖锐的。”很显然，这位青年喜欢现实主义作品，而且文笔要一针见血的。朋友要是不能推荐这样的作品，必然会被拒绝。所以，做为运营者就要选择能够认同你情感属性的用户，才能保证你的产品适销对路。

随后，我们也不能忽略对方的身份、年龄、知识构成，等等。如，你给 20 岁左右的年轻人推荐保暖防滑鞋，就算他再认同你的商品，但是他本身不需要，这就对你的营销毫无帮助了。反之，你对用户有了全面的了解，挑选的产品才能兼顾大多数用户的需求。

罗辑思维把主要用户锁定为20~30岁的年轻人，产品主要是书籍，书的内容秉承“有种、有料、有趣”的原则。“有料、有趣”无需解释，“有种”是指要敢于谈论一些话题。例如，年轻人的婚姻观、大学生就业、是否应该在一线城市做“房奴”等问题。

关于是否在一线城市做“房奴”的问题，他先从投资的角度分析利弊，然后再从人性的角度阐述有无必要。如果有人奋斗的目标就是在大城市实现价值，那就没有错。过多的考虑是非对错，难免顾虑很多。

阐述热点问题的书很多，但是像罗辑思维阐述这么全面的不多，所以才能在京东、亚马逊等强劲对手的合围中生存。据悉，逻辑思维精心选择的图书有60多种，在不降价促销的情况下，每年的销售额超过1亿元。

逻辑思维按照用户属性去挑选书籍，不仅能够受到用户的欢迎，还能帮用户节省在线上或线下挑选图书的时间，因此在不降价促销的情况下也能取得很好的销售额。

有人会说：“我没有丰富的知识，是不是就不应该把用户设定为有文化修养的年轻人？”其实，绝非如此，有文化品味的年轻人还有很多爱好。例如，汽车、摄影、时尚、旅游、编织、烹饪等，你都可以从中挑选产品。

例如，“简单生活”是一个针对年轻人生活的公众号，讲述营养搭配、心理调节方面的知识，受到许多年轻人的欢迎。

运营者对用户的喜好了解以后，一定不要忽视对方的消费能力。我们就拿家电来说吧，如果你的用户大多是工薪阶层，你就不要推荐高端产品，他们的购买力很可能不足。就造型来讲，工薪阶层大多喜欢简单、大方的产品，运营者选品就要回避复杂、奢华的产品。也就是说，产品的属性要与用户属性相匹配。

运营者了解用户属性，才能在内容和产品上做到精准推送。此外，在策划活动上，围绕用户属性进行，也能取得良好的效果。了解用户，才能有的放矢，取得成功。

2. 为用户的特征画像

为用户的特征画像与明确受众属性相比，是更加精细化的分析过程。除了要了解用户的年龄、身份、兴趣爱好、知识构成等显性要素，还要认真研究某些隐形因素，这样才能全面了解用户的特征。下面我们来看看，通过哪些观察，才能对用户有更加深入的了解。

使用产品的习惯

用户使用产品的习惯主要包括以下几个方面：产品的更新频率、使用产品的高峰期、每次使用产品额次数、使用产品时的特殊习惯。

2018 年夏天，辽宁省的几个城市出现了前所未有的高温天气，几家国美电器商场里的空调卖到了脱销。运营者想要大量补货，营销专员却认为没有必要。理由是：持续高温的时间很有限，一些潜在用户很可能选择撑过去；许多用户只是在天气最热的时段使用空调，用户黏性还不够。

运营者听取营销专员的建议，只是小批量补了些货。果然，用户的购买量在高温天气过后，急速下降。小批量补货的措施很好地避免了产品积压的问题。

案例中的运营者要是不听从营销专员的建议，很可能因大量补货造成产品积压。这就是运营者为什么要研究用户使用产品的习惯。就辽宁的地域特征来看，大多数人使用空调只是出于防暑或御寒，因此空调的使用率不高。运营者根据这一情况，不仅能计算出进货的数量，还能围绕用户的需求，设计产品的功能和造型，对产品销售有全方位的帮助。

上网习惯

在这个互联网时代，想要抓住用户的特征，必须抓住他的上网习惯。例如，什么时间段上网、上网共用了多长时间、什么原因上网，等等。如，有些人上网的原因是玩游戏，你若向他们推荐美妆产品，很可能白费力气。

用户的偏好

许多运营者对用户的了解只局限于喜好这一层面，而没到达偏好。例如，你知道用户喜欢手机，但是对他喜欢的品牌、外形、功能、购买方式你却一无所知，那么你提供的产品很难会让他满意。例如，许多中年人更喜欢屏幕大的千元机，而不是价格昂贵的苹果手机。运营者了解用户的偏好，才能给产品做更好的定位。

用户的目的

用户购买产品的目的决定了他愿意为之付出的成本。运营者的产品要是能够符合用户的需求，销售则相对容易。如，用户有运动的意愿，你向他推荐运动鞋，他很可能购买。

此外，许多用户购买产品都有一个核心需求。如，追求实用或追求心理满足。运营者一旦抓住核心，说服用户购买产品就不难。

一家辅导机构在微信上做推广，广告词为："我们没有'包过'的承诺，但是我们有最专业的老师为你保驾护航，让你的复习不再毫无头绪。"

许多同学最需要解决的问题就是不知道该怎么复习，看到该机构有合理的复习方法，当即选择报名。

"包过，不过退费"是许多辅导机构的承诺，但真正实现起来很难。案例中运营者不说"包过"，而是强调老师的专业性，这是一种更能让用户信任的说法。在学习上有专业的老师辅导，那最后是否成功，就与努力直接相关了。

运营者把用户显性方面和隐性方面的数据综合分析后，就可以从中提炼用户群体的共同要素，并将其用关键词来代替。例如，你调查的用户是"90后"。那么，用来形容他们的关键词有：个性化、脑洞大开、创意十足、娱乐至上，等等。新媒体运营者要准确记录关键词出现的频次，才能用最简短的语言概括用户的群体特征。

运营者经过以上几个步骤，就能得到一个比较完整的用户画像了。当用户画像完成以后，运营者就应该以它为依据制定运营规划。如果用户画像依旧不能指出努力的方向，很显然，是你的用户画像还不够精细，需要重做一遍。

3. 如何用好用户数据

新媒体运营者需要用户数据辅助其运营，但拥有数据资源不代表就一定能经营好。同一份数据在不同的决策者眼里有着不同的价值。如果我们不知道怎么利用用户数据，就会忽视数据中潜藏的价值。现在我们来看看，应该从哪些方面充分利用用户数据。

内容和产品

新媒体运营的一大优势就是，可以借助内容来吸引用户。许多用户关注你的最初动机是阅读和分享你的内容。为此，新媒体运营者应该对输出的内容进行分类，如，按照展示的方式分类，可分为：图片、视频、文字等；还可以按照内容的种类进行分类，如，军事、体育、音乐、旅行，等等。运营者要对用户感兴趣的标签高度重视，并记录每一个标签下用户对内容的评价和转发情况。如此一来，我们不仅能了解用户的兴趣爱好，还能根据用户的喜好挑选产品。

小赵在北京的一家旅游公司工作，依据户的反馈，他在平谷桃花节上推出坐氢气球游玩活动。游客坐上氢气球后可以俯瞰桃林的全貌。

正是这种符合用户需求的活动，为他招揽了很多游客。

旅游是当下很受人们欢迎的休闲活动。小赵根据用户的反馈，策划受用户欢迎的活动，必然会吸引用户。此外，从观赏桃花来看，许多人希望观看到花海的气势，乘坐氢气球正是能够给游客带来最佳的观景体验，所以用户转化率也高。

产品售出后，新媒体运营者对用户购买的产品单价、类型、数量、退货情况等都要记录和分析，很快就能发现哪些产品是热销产品，进而做出更好的营销方案。

用户

搜集用户数据时最重要的就是分析用户的行为。例如，用户是如何知道你的新媒体平台的？他在你的网络平台上做了些什么？他想要得到些什么？这些都属于从用户角度来分析数据。有些用户是通过百度推广找到你的网址的，还有一些是从朋友圈看到你的信息的。不同的渠道带来的流量差距很大。

用户进入平台后，所做的一些操作，也是新媒体运营者必须搜集的重要信息。如，用户喜欢点击哪些页面，在每个页面上停留了多长时间，等等，都会成为运营者决策时的重要依据。

此外，用户的注册情况也是运营者需要留意的重点。如，许多人在58同城上查找租房、工作等信息，却不注册，这样的用户很难成为商家的忠实粉丝。为此，我们需查明用户不注册的原因。例如，有些媒体需要填写很多个人资料，才能注册成功，这会严重影响用户注册的兴趣，从而降低用户转化率。因此，运营者还需简化会员的注册流程。

运营

从运营的角度用好用户数据，主要是用数据来分析收入情况。如，每一天的订单支付成功率、订单的金额大小、用户退货率、用户下单周期，等等。

此外，新媒体运营者还要关注用户活跃度，以便从中找出忠实用户。在所有用户中，忠实用户是关键。如，小米科技就是基于忠实用户发展起来的。假如数据显示用户的活跃度普遍偏低，这时候新媒体运营者就要及时调整营销策略了。

运营者从以上几个方面去检测营销策略的可行性，才能充分发挥用户数据的作用。可是，许多新媒体运营者只会从宏观方面观察用户数据，最后会因为疏于细节，而导致失败。因此，运营者一定要根据自身情况，分析对自己有帮助的数据，才能在运营中不碰壁。

4. 如何抓住目标用户

一些新媒体运营者说：“我推送的内容幽默风趣、中肯客观，但是却无法吸引所有人。”究其原因，就是用户群体被细分了。我们就拿微博为例，无论你的观点多么理智，都会有不喜欢你的人，且和喜欢你的人呈现出分庭抗礼的态势。因此，运营者需记住，你需要找那些最适合的目标用户群体来用心经营。

一位合格的新媒体运营者必须了解目标用户群体的心理特点，他们的情绪里藏着商机，但也充满危机。若是运营者的内容违背了他们的价值观或情感倾向，他们很可能勃然大怒。为此，运营者应该注意目标群体常有的消费心理。

求美心理

大多用户在选购产品时会倾向于工艺精美的产品，甚至被美丽的外观所吸引，有些还会放弃对功能的苛刻要求。

求新心理

喜欢新媒体的用户大多喜欢新潮而时尚的产品。要是产品缺少时尚元素，他们很难对内容或产品产生兴趣。

求利心理

所谓的求利心理，一是指物美价廉，二是指实用。大多数用户都喜欢物超所值的产品。如果只是物有所值，也很难给用户带来良好的用户体验，他就有可能去其他的商家购买产品。为此，运营者可通过下调产品价格或提供免费服务来赢得用户。

从众心理

尽管目标用户对产品有独特的需求，但是在自身所属的圈子内依然会有从众心理的。有些用户并不知道什么样的商品适合自己，所以会跟风采购，并认为大多数人选择的产品不会差。还有一些用户也是在紧跟潮流。

自尊心理

当下，用户购买产品不只看质量，还要看销售人员的服务态度。要是服务员真诚热情，就算产品不够理想，用户也可能因对方的态度做出购买的决定。反之，销售人员对用户态度恶劣或用语不当，用户很可能觉得是自尊心受到伤害，不仅不会购买产品，甚至在心里直接拉黑商家。

一位新媒体运营者在网上做问卷调查，得知一位用户是建材经销商，就建议对方购买自己的产品，被经销商拒绝后，他很生气地说："说了这么多，你也不买，你就差这么点钱吗？"

经销商没有回话，因为他已经从心里拒绝了这种产品，当然，实际上他也并不需要这种产品。

案例中的经销商不购买产品，不仅是因为不需要，还在于运营者的态度。运营者的话语像是在说建材经销商小气，会伤害到对方的自尊心。何不换种说法呢？如，“先生，您现在用不上，以后或许会用，何不准备一个呢？我们这么超值的产品可不多”。如此一来，对方会考虑是否购买产品，运营者就还有让对方购物的机会。

隐私心理

一些目标用户不愿意让别人知道自己购买了什么，因此他们会挑选人少的时段快速购买自己需要的产品。这就要求商家要经常在线，这样才能跟用户交流，随时了解用户的潜在需求。

偏好心理

运营者找到目标用户后，一定要熟知用户的偏好，因为人们更愿意为自己喜欢的东西付费。例如，有些用户就是喜欢复古的产品。你了解他的喜好，引导他购物时就会非常容易。

想要抓住目标用户不容易，因为大多数用户的心理不容易猜测。因此新媒体运营者必须对目标用户群体进行认真研究，找到他们心中最重要的需求，这样才能采取更有效的营销方式。

5. 多平台运营增加用户量

一个新媒体平台的影响力再大，可以吸引的用户数量也是有限的，因为同样的内容放在不同的平台上，形成的反响完全不同。例如，一些搞笑的短视频在抖音上用户众多，要是换成百度推广，可能就鲜有人问。为了让内容传播的范围更加广泛，新媒体运营者可多设置几个平台，通过多平台互动来增加用户量。

例如，以微信、微博为主体，联合网络电视台、数字报纸等新媒体平台，对内容做全方位的推送。运营者还可以开设新的微信公众号来辅助主微信公众号，这样就能获得更多的关注量。

下面我们从多平台互动的契合点上来看，如何进行多平台运营。

内容契合

所谓内容契合，就是在合作方的活动海报、活动视频等载体上植入自己的宣传内容。在传播的同时，不仅丰富了合作方的内容，还让自己的内容获得了多次传播。

知乎曾在微博上发起“钱，应该花在刀刃上”的活动，联合的平台有链家、网易云音乐、饿了么等。

知乎在微博上是这样帮链家做宣传的:“一会儿就是大家的下班时间了，有人一定会为漫长的归途感叹。回到家，厌倦房间里昏暗的光线。亲爱的，我们中有人教你如何挑选房屋和签署合同;有人教你用不同的灯光改变家里的照明效果。希望能为寻找房子的人提供一些帮助，让每个人都住上舒适的房屋，愿所有漂泊的心都有家可归。”

文章的下面植入二者联动的广告语:“在房屋上多花钱，是为了温暖自己;在知识上多花钱，是为了武装头脑。选更好的房子去链家，学更好的知识来知乎。钱，应该花在刀刃上。”

知乎的这次多平台合作，不仅联合了生活类平台，还有最受青年人喜欢的音乐平台，得到了800多万次的曝光。此外，知乎在官方微博上定时发布跨界合作的文字海报，丰富的内容让用户在活动期间全程关注知乎微博，最大限度地吸引了用户的注意力。

圈层契合

不同平台上的粉丝喜好会有所差别。例如，腾讯体育上的网民喜欢运动，QQ 音乐上的网民酷爱音乐，百度文库的网民喜欢阅读，等等。不同的喜好形成了不同的文化圈层。这些圈层跨界合作可吸收对方的用户，获得极佳的宣传效果。

例如，《紫禁城》杂志推出电子版图书，并联合故宫出版社和文藏平台联手发行。这种依靠新媒体传承传统文化的做法，扩大了《紫禁城》杂志的影响力，非常值得传统文化运营者去借鉴。

产品契合

产品契合就是把原本没有关联的产品融合在一起，引爆彼此在新媒体上的传播。如，故宫淘宝联合招商银行，推出限量版“奉招出行”行李牌。该行李牌采用“诏”的谐音，表明了合作的双方，而且产品的设计也符合年轻人对个性化的要求，受到了用户们的一致好评。

新媒体运营者可采用的多平台运营方式还有很多，如，渠道联合、IP 联合等，但首先要找到双方的契合点。有了契合点，用户才会觉得自然、有趣，不生硬，才可获得更高的关注度。

6. 用互动提升用户活跃度

新媒体运营者与粉丝互动是必不可少的环节，这样才能增加用户的活跃度。可该如何互动是一门学问，需要充分了解用户喜好、消费行为等方面的变化，才能经营好粉丝。

如，有些新媒体运营者认为把话说得高大上会比较受欢迎，但其实粉丝更喜欢接地气的语言。为此，新媒体运营者需要围绕粉丝习惯打造全新的游戏规则。下面我们就来看看，运营者与粉丝互动时的要点。

1. 亲民

新媒体运营者想要跟粉丝互动，就必须亲民。无论你是大企业的董事长，还是明星，如果不放低姿态，粉丝都很难与你亲近。具体办法是，说话要少用书面语，不要炫耀自己的身份和学历，多讲述能和粉丝产生共鸣的内容。

很多粉丝喜欢你的原因，是你的内容，而不是造型或职位。例如，王健林演唱刀郎的歌，获得了很多粉丝，就在于粉丝愿意看到王健林质朴的一面。也就是说，新媒体运营者要关注粉丝的情绪。他们只要喜欢你的互动方式，就会成为你的粉丝。

2. 给粉丝参与感

给粉丝参与感是很多新媒体运营者都在采用的方法。

例如，唯品会会把服装的设计图上传到粉丝群里，粉丝选票最多的款式，会被设计师选出来，跟粉丝一起研究修改意见，经过几次修改以后，才投入生产。据调查，参与修改的粉丝大多会成为消费者，这就是让粉丝参与的作用。

腾讯体育的主持人经常制造话题让人讨论。观众可以在观看比赛时，通过弹幕发送与话题相关的谈论，这些评论会在屏幕上滚动播出。如，猛龙队和雷霆队交锋，主持人向观众提问："诸位认为两队的当家球星，哪一位效率值更高？"

有人认为是猛龙队的莱昂纳德效率高，因为他失误率低。有人认为是雷霆的乔治效率值高，因为总投进关键三分球。最后，主持人会对粉丝的说法进行客观的评价。

正是因为主持人调动了粉丝的参与感，粉丝们看球的欲望更加强烈了。

新媒体运营者想让粉丝参与，就要多制造一些开放性话题，即使有些争论，也是正常现象。人们都有自己对待事物的看法，同时也希望听到见解独到、推理严密、说服力极强的观点。如，案例中的主持人，会从客观的角度去评价球迷的见解，从而吸引粉丝。

衡量效率值的标准有两个，一个是稳定性，一个是关键性，综合衡量才能分出高低。球迷在互动中，不仅获得了存在感，还学会了评价球员优劣的方法，自然会去比赛中验证，从而提高腾讯体育的收视率。

3. 激励粉丝

新媒体运营者想要改变粉丝的消费习惯，就要对其进行激励。激励的方法不只是语言，还要通过一些办法帮助粉丝成功，或者同粉丝一起积极想办法。例如，有粉丝在淘宝上购买产品，却不知道如何操作。运营者就应该耐心教他打开网页的步骤、订单的填写方式，还有货物可能送达的日期，等等。粉丝采用你的方法轻松完成购物，以后还可能购买你的产品。

还有一些问题，运营者也很难解决。例如，粉丝很想了解一款运动鞋的设计原理，即使你见识很广，也很难面面俱到。这时，你可以跟粉丝一起探讨解决问题的方法，也能拉近和粉丝之间的距离。

4. 塑造独特的自己

企业或个人采用新媒体运营，除了推送内容和产品外，还要通过新媒体塑造独特的自己，有独特性才更容易塑造自己的品牌。我们就以网红为例，来分析一下这个观点。许多年轻人爱听网红冯莫提唱歌，就在于她能把许多流行曲唱出自己的味道。如果你只是复制、粘贴一些平庸的内容，久而久之就会掉粉。

有些人想要利用新媒体进行宣传，却担心没有特色。其实这有办法解决。如，在粉丝面前展示真实的自我。因为许多网友早就厌倦了那些虚情假意的说词，八面玲珑反而很难讨好所有人。

塑造独特的自己，一定会有喜欢你的人，首先要维护好这些人，才能有接下来的活动。

新媒体运营者不要把与粉丝互动想得过于复杂，粉丝们更愿意看到一个真实、简单、热情、有特色的运营者，运营者只要向这个方向努力，就能够提升用户的活跃度。

7. 如何让用户保持兴奋

许多新媒体运营者说："让用户保持兴奋远比吸引用户难。"事实也正是如此，许多新媒体平台一开始很受欢迎，慢慢却淡出了人们的视线，就是因为没有能让用户保持兴奋的内容和功能。

为了解决这一问题，我们可以从以下几个方面入手。

内容的多元化

新媒体运营者要面对数量庞大的用户，只有让内容多元化，才能满足用户多样化的需求，且保证用户持续兴奋。如，知名网红 papi 酱推出的短视频能够不断引起用户的关注，就在于其内容涉及生活、学习、情感等方面，而且表现的方式也多元化。如，采用东北话、上海话等方言去讲述社会热点问题。

内容的趣味性

如果内容只是多元化，但是没有趣味性，也很难留住新媒体用户，因为他们已经习惯了轻松风趣的讲述方式。为了适应用户的口味，运营者首要去做的就是提高语言的幽默感。

有人说，一些科普知识和专业技能很难制造幽默，其实不然。例如，微信公众号“一线科技”在讲述人体冷冻技术时说：“那些敢于冷冻自己的人，好像没考虑过以后能否适应全球变暖。”一句调侃的话，就让听众联想到了如今越来越热的天气，随后他们会想到高温对冷冻人有哪些影响？讲解者可按照他们的思路去说明，能起到很好的科普效果。

内容的新意

新媒体平台上每天都会有大量的传播内容出现，毫无新意者是无法让用户持续兴奋的，所以运营者应该在内容创新上持续发力。我们可以靠故事的内容表达新意，还可以借助语言表达新意。

例如，微信公众号“遐想空间”推出一篇文章叫“别催我结婚”，专门用来应对亲戚朋友们的催婚。这里摘抄几句：“你总跟我说育儿的成本，让我想到独善其身”“我不相信，你对我结婚的场面那么好奇”“你说不结婚的人缺少爱心，我知道一个单身叫安徒生”，等等。这些新意十足的句子让网友们拍案叫绝，很可能关注她的下一期内容。

升级平台功能

对于新媒体运营者来说，想要在激烈的竞争中取胜，提升平台的功能必不可少。这既要拼内容，还要拼技术。例如，别人发布的内容只有图文，你的内容不仅有图文，有视频，还能唱歌，完全不必担心脱粉。所以，提升平台功能也能让用户持续保持兴奋。

让用户保持兴奋的方法还有很多，但以上三种是最为基础的方式。新媒体运营者可采用内容和形式相结合的方式，向用户推送不断更新的内容，就可以提高用户黏性。

8. 以用户视角研究用户行为

商家若是想让用户购买自己的产品，最好的办法莫过于投其所好。那么，该如何投其所好呢？就是以用户的视角去研究用户的行为。下面，我们就以新媒体用户的特点为依据，具体说说这些行为。

简单有趣

如今智能手机已全民普及，尤其是年轻人，每日花费在手机上的时间都会有几个小时。究其原因，是现在的生活节奏过快，人们需要一个缓解压力的渠道，新媒体平台的大量出现跟这一现状有直接联系。

据网络调查，在大城市打拼的许多年轻人，都有一些孤独感。主要原因是，自己的经济基础和社会地位都不能让自己满意，于是他们转向新媒体寻求心灵慰藉。这种情况为新媒体运营者提供了商机，可借此机会提升自己平台的影响力。这些年轻人因为压力大，喜欢新媒体平台的操作简单，内容丰富有趣。

可见，站在用户的视角研究用户的行为，就很容易找到用户的需求点。新媒体运营者可根据用户的需求去改进内容的制作和产品的选择，最终会得到用户的认可，促进平台的推广工作。

双向互动

当下，网络直播是许多新媒体用户常用的推送方式，它与文字、图片相比，最大的优势就在于可以与用户进行双向互动。如，网络主播可以与用户进行实时交流和反馈。在直播中，观众不只是受众，还可以参与到内容的生产和制作中。在这种交互方式下，用户的参与感得到了加强。再加上，直播几乎是零门槛，许多年轻人都可以在直播中得到放松。

我们以游戏直播为例，为什么能够如此火爆？就在于玩家和用户可以随时互动。当你大获全胜的时候，会有很多人一起分享你的喜悦；即使失败了，也随时有队友伴你左右。这样的情况在游戏直播中时常发生。可以说游戏直播，就是按照用户视角设计的平台。

其他新媒体平台也完全可以采用游戏直播的方式，让用户参与内容的创作和宣传，这样做会吸引更多的用户。

抓住用户心理

新媒体用户大多是“80后”和“90后”，甚至有些平台的受众是“00后”，因为用户的年轻化，新媒体运营者就应该抓住年轻人的心理，才能研究出年轻人的需求。

“来疯”在众多的直播平台中可谓异军突起，主要原因就是它按照用户思维研究用户行为。它的用户大多是年轻人，于是它按照年轻人的喜好来挑选内容。如，综艺直播、明星访谈、新歌劲舞等，这些节目吸引了很多年轻人。在主播的选拔方面，“来疯”十分严格，主播需年轻且多才多艺，可输出受年轻人喜欢的内容。

可见，“来疯”的异军突起是来自运营者准确分析了用户的需求，并为用户准备了乐于观看的内容。对于新媒体运营者，这是可以借鉴的经验。

以用户的视角研究用户的行为，这是一种挖掘用户需求点的可行之法。用户的需求点是新媒体平台进行内容策划的立足点。因此，新媒体的运营者们应多以用户视角思考问题，这样设计的平台才能受到用户的欢迎。

9. 给用户最佳体验

所谓用户体验就是指用户对产品和服务的使用感受，它是打造个人品牌的根源。著名营销学专家安迪说："良好的体验会产生极佳的口碑，口碑遇上了网络，则如虎添翼，其影响之广，能帮运营者快速建立品牌。"

为此，许多新媒体运营者都致力于给用户打造极佳的体验。如，服务态度好，产品又过硬，人们自然乐于帮你做宣传。如果你给用户带来了很差的体验，他可能在网络上发泄不满情绪，这会严重影响你的美誉度。

一些新媒体运营者认为一份好的文案可以掩盖产品的不足。这种方法等同于欺骗，消费者很快就会把你的行为传播到网上，让他人对你的商品质量产生质疑。所以，竭尽全力给用户提供极致体验才是新媒体运营的正道。

如，那些品牌产品之所以畅销，就是因为通过了用户亲身验证之后，才具有很高的信誉度，容易被用户记住。假如新媒体运营者能给用户良好的体验，用户登录平台后会优先选择你。

杜蕾斯是一个传统行业企业，采用新媒体营销所获得的成绩也是令人称道的。广大用户对其官方微博的评价是：及时、细致，感觉客服随时都在线。其实，杜蕾斯的新媒体运营团队就是24小时在线的，只是不同的时段安排不同的客服跟用户沟通。客服之所以能在短时间内回复众多的用户，就在于采用了“标准化”的服务模式。

杜蕾斯针对用户经常提出的问题，总结出200多条用来回复的内容，可应对大多数用户的提问。这些用来回复的句子非常人性化，让用户听来，就好像在同好朋友聊天一样。要是用户提出的问题很特别，值班编辑在常规回复的基础上稍作添加就可以。

实际上，大多数用户询问的问题都是重复性问题。运营者不需要自己组织语言去回答，这些问题让智能软件代自己解答就可以。因此，用户才能感觉杜蕾斯的服务细致入微，值得信赖。

给用户无微不至的服务，用户会有被尊重的感觉，从而提升了体验的效果，这种体验能给商家带来意想不到的收获。如，案例中杜蕾斯的服务，其他产品也可以借鉴。而且他们回答问题的专业性、针对性，又能快速解决用户的痛点问题，必然会提升用户的复购率。

美国管理学家派恩认为，当下想要商家依靠体验维系用户，就应该服务和产品并重。如，运营者要以新媒体的覆盖面和快捷为广大用户服务，但是提供的产品也要符合用户的需求。如此，消费者才会在体验中得到满足。

还有一种极佳的用户体验叫超值。如，一些企业会在多媒体平台上推出扫码打8折、免费试听课、抽奖赢红包等活动。许多用户为了得实惠，就会点击商家的界面，并把商家的相关信息介绍给亲朋好友，为商家带来了大量的潜在用户。

新媒体的发展为“体验经济”提供了广阔的成长空间，运营者可借助新媒体不断改善用户体验，帮助商家快速产生品牌效益。

10. 搭建合理的用户体系

新媒体运营者给用户制作完精准的画像后，接下来就要围绕用户画像搭建用户体系了，用户的类型不同，进行运营时也要采取差异化策略。

在打造用户体系的过程中，用户可以借助业内常用的 RFM 模型进行用户划分。就是通过消费频率、消费金额、最近一次消费这 3 个指标组成矩阵，来评估用户价值。

经过 RFM 模型的评估后，用户可分为：重要价值用户、重要保持用户、重要发展用户、重要挽留用户、一般价值用户、一般挽留用户、一般保持用户、一般发展用户 8 个层次。

运营者划分完用户层次后，就要根据设计的用户体系对用户进行差异化管理。但是运营者不能对用户体系生搬硬套，既要结合企业的实际情况，还要看到企业的发展前景。

首先，调整指标。不同的企业、不同的产品在 3 大指标上都需要进行一些调整。如，在官方网站上的企业产品，衡量的标准是：最后一次登录、浏览时间、登录频率，而在官方店铺上却是：下单频率、最后一次下单、订单金额。

其次，调整级别。RFM 帮新媒体运营者划分出了 8 个用户级别，但是许多企业在应用时可以进行简化。如，缩减成一半，或者调整为3个。

网易邮箱的用户等级只有4个，分别是：钻石用户、黄金用户、白银用户、普通用户等，衡量的标准是邮箱等级。还有一些企业按照会员的成长值划分用户级别。如，京东按成长值把用户划分为5级，会员的等级越高享受的权益越多。除了网易、京东这样的媒体平台，一些传统行业也借助新媒体来划分用户级别。

北京文都教育集团根据学员的交费情况，把学员划分为：彩虹会员、鹰飞会员、白金会员、白银会员、青铜会员5个级别。彩虹会员不仅可以听常规班的课程，还可以听鹰飞集训营的课，而且还有机构安排的专用听课区域；鹰飞集训营的学员，可以听集训课和常规课；白金会员可以听常规课，还可以参加机构临时加开的密训班；白银会员可听常规班的所有课程；青铜会员只能选择常规班中的冲刺课或强化课。

文都集团根据用户的级别制作听课卡，从而避免了小部分人蹭课的情况。

文都集团搭建的用户体系可以很好地划分学员的层次，这样不仅有利于课程的安排，也有利于师资的匹配，对相关部门的管理有很大帮助。其他行业的新媒体运营者也可以采取文都集团的办法。例如，健身行业，你可以根据客户的消费金额、健身次数、办卡时间来划分他的用户等级，这会对管理会员很有帮助。

最后，运营分级。运营者划分出用户层次后，就要对用户进行精细化管理，尤其是对优质用户要投入主要精力。例如，为消费次数多或消费金额大的优质客户开设服务专线、对于他们的建议优先反馈、定期颁发奖品等。若是优质客户的活跃度下降，可尝试推送邮件、发放福利等方式将其激活。

搭建合理的用户体系对新媒体运营者来说十分重要，有了这个体系，运营者在管理时才能有所侧重。

11. 餐饮大咖“Uncle 吴”的时尚之路

餐饮大咖“Uncle 吴”是餐饮品牌“外婆家”的创始人吴国平，因其着装时尚，且精通新媒体运营，是被业内广为称赞的潮流大叔。他曾为自己新开的全虾馆“你别走”进行了一次网络直播，在不到 1 小时的时间内发出 400 份“口令红包券”，吸引了许多粉丝的参与。类似这样的直播秀活动，“Uncle 吴”已经组织了多次，而且都取得了很好的效果。我们来看看，他是如何把新媒体营销玩转的。

业内人士认为吴国平能成功的首要原因是有胆量。他敢于让“80 后”全权管理店面，自己却走到一线当服务员，因此对用户的喜好非常了解。此外，一些新媒体播放了他的事迹，让他的名字广为人知。有了知名度后，他一边开连锁店，一边联合优秀的新媒体平台和网红进行品牌营销，受到了用户的一致好评。如，联合优酷打造了“62 外婆节”，推出了很多美食，而且这个节日每年都会在杭州举行，来自优酷的明星主播会亲临现场进行直播。

关于吴国平的营销技巧，业内人士给总结了 4 点。现在一一列出，供想进入新媒体运营领域的人参考。

餐饮 + 直播

“餐饮 + 直播”的宣传方式，吴国平已经尝试了很多次，并且都取得了不错的效果，可以证明这是一种可行的营销模式。此外，吴国平的直播，大多是选在新店的试营业期间，可以帮助自己更好地检测市场，对正式运营极有帮助。

借助网红

吴国平有时会以网红的身份进行直播，但是就专业性来看，还是不如优酷上的主播。据悉，参加“62 外婆节”的主播们形象靓丽、多才多艺，基本都有十几万的粉丝。他们的出现，可以把粉丝引流到吴国平的店铺，在现场也可以吸引大量的顾客。

福利活动

上文中说到的“口令红包券”是众多直播节目中的主要引流工具，在直播中，每隔 15 分钟上一道菜，网红在点评菜品的同时，不间断发出“口令红包”，如“你别走，好味道”“你别走，海鲜盛宴”“你别走，常来坐坐”等有助于产品宣传的口令。观众在观看直播的过程中还能得到福利，对品牌的记忆自然会更加深刻。

条件限制

吴国平推出的“口令红包券”有其使用限制，就是每个红包的面额为40元，要消费满300元才可用，并且限时使用。如此一来，观众就会花费更长的时间看直播。在主播的动员下，观众进店消费的机会就更大。再加上限时使用，可促进用户消费的频率，对提高销售额也十分有帮助。

吴国平的着装不仅吸引年轻人的目光，且采用的营销方式也是年轻群体喜欢的，这不仅可以拉近与年轻人的距离，还能快速提高商家的品牌形象。用户可以通过与主播的互动，来加深对企业理念的理解，从而成为企业的忠实粉丝。

吴国平整合了优酷和网红的资源，实现了整体性营销，而且更具影响力。这种方式每一位新媒体运营者都可以借鉴。而且就目前来看，许多直播平台都是免费使用的，新媒体运营者可以借助平台的影响力来进行营销宣传。

第五章

新媒体运营的王道是内容

1. 内容营销的优势

如今，说起内容营销这个名词，几乎所有人都知道。例如，一些分享类网站可以为淘宝、京东等电商平台带来大量的用户。如此强大的吸粉能力，让许多新媒体运营者致力于打造优质内容。下面我们先来看看，新媒体运营者为什么要注重内容，以及内容营销的优势。

马云说："互联网让用户的消费行为到达了情感购买的阶段。要是你制作的内容能得到他的认可，你就能赢得订单。"事实也正是如此。如，一些微信公众号正是因为有优秀的文章，才能带动读者购买产品。再者，这种经营模式跟传统电商买流量、搞特价等方式相比，不仅节省费用，还能通过情感带动提高用户对你的信任度。

由此可见，内容营销的主要优势有以下几点：

带动用户情感

新媒体运营者想要用内容打动消费者，首先，要了解用户的心理，才能做出让用户产生情感依赖的内容。人们在挑选产品时的决策很大一部分来自情感，因此以内容为中心比以产品为中心的销售方式更能打动用户。此外，人在情感的支配下会忽视一些产品的附加值。

京虎教育机构经常在微信公众号上推送一些励志的文章。如,《跨不过去是苟且,跨过去是远方》一文,内容讲述了世界500强企业重视员工学历,鼓励学生以学习为主,努力向上的情况。

文章引用了考研辅导老师张老师的话,大意是:我们有一些名企招收毕业生时,一般对学历的要求是211院校。如果你不是,那你展示能力的机会就会很少。如果你连历练的机会都很少,那怎么才能提升能力呢?于是你只能寄希望快速找到一份工作,不管是否喜欢,也不问发展前景。此番内容正对应标题。

文章下面植入强化班课程的招生广告。

许多学生会因一些不切实际的想法而放弃学习,或者因过于劳累和忧虑失去学习的热情,这个时候他们十分需要正向的激励。京虎教育机构的文章正是起到了这个作用,而且以事实说话,极具说服力,此时推送产品,学员很可能在情绪的带动下报名。

合作者的共赢

内容是连接商家、用户、平台、产品制造商之间的纽带。好的内容能让用户对产品价值有更深入的了解,可节省用户挑选产品的时间,并且产品制造商的销售额会增加,同时媒体平台上的用户活跃度会更高,运营者可靠导购分成、付费观看等方式得到更多的收益。可见,用内容来营销,可以实现合作方的共赢。

场景性更强

在现实生活中，人们购买产品的原因受场景影响较大。例如，我们会在旅游景点购买当地产品，但同样的产品我们却未必会在商场里购买。新媒体运营者完全可以靠内容为用户提供场景。例如，用视频的方式展示一些地方特产在当地的制作情况。一位茶商用视频展示了茶叶的制作过程，为自己带来了很多用户。可见，展示场景比单纯用文字去宣传更有说服力，可调动用户的购买欲望。

减少顾客的顾虑

用户很反感商家无休止的广告推送，久而久之可能屏蔽商家。但是以内容为导向，用户就会放低心理防线，还能获得用户的好感。如，微信公众号“为你读诗”上有一篇文章叫《稳定是一个人最好的教养》，讲述了我国著名心理学者海蓝的故事。海蓝本是一位出色的眼科大夫，但是改行学心理学，用演讲和出书的方式，影响了许多有负面情绪的人。用户如果还想听她讲的《告别负面情绪的困扰，做自己的情绪导师》，长按公众号上的二维码，就可以订阅收听。这样有情感、有价值的内容足以让用户放低对产品的挑剔度。若是用户能通过产品获益匪浅，他很可能再次购买产品。

内容营销除了以上优势，还有一点就是具有很强的延伸性。例如，一位新媒体运营商推送制作蛋糕的文章，竟然引起许多读者对某款烤箱的关注。运营者切记，内容的延伸性越强，能够吸引的粉丝就越多，就能给你带来意想不到的收获。因此新媒体运营者要学会用内容吸引粉丝。

2. 内容的规划与制作

新媒体运营商想要打造出优质内容，需要合理的规划和精心的制作。我们先来看如何规划内容，再来看如何制作内容。

规划

内容的规划通常分为以下几大步骤：内容定位、用户分析、推送内容、运营内容和统计数据。

1. 内容定位

内容定位是规划中的首要问题。只有定位准确的内容，才能吸引目标用户，并被他们转发。若是内容定位不清晰、不精准，在这个信息爆炸的时代，很可能被忽略，所以你要通过内容让对方知道你的优点和特质。如，有人刚进入新媒体领域，发现许多人都愿意看鸡汤文，就动笔去写。过几天又发现看娱乐报道的人最多，又去写娱乐新闻。如此反复，你在任何领域都没有用户积累的过程，也缺少练笔的过程，想写出爆款文很难。

此外，创作者跨界很可能受到专业的限制，进而影响内容的变现。如，一位音乐爱好者突然去写医学方面的文章，很容易出现知识储备不足的现象。更可怕的是，读者不会认可他的身份。因此想要从事新媒体运营的人，先要找到自己比较擅长的领域，然后再去分析市场需求，这样做才有可能通过内容输出，实现用户转化。

一家海外旅游公司招聘宣传人员，让应聘者在简历中放入3篇关于旅游方面的文章。小菁是鲁迅美术学院摄影系的毕业生，平时喜欢拍摄风景和写游记，她便把自己以前的3篇作品和相关照片投递到招聘公司的邮箱。不久，她就获得了面试的机会，并应聘成功。

在工作中，她在推送旅游线路时，会详细讲述此地的文化背景、地形地貌及最佳的观赏季节，等等。因为推送的图片优美，文字简洁易懂，受到了许多读者的欢迎。

工作之余，她在自己的微信上发表的游记，也为她个人积累了一定规模的用户。随后她开始做海外代购，有了更多的收入。

小菁能够获得成功，就在于精通摄影，而且有写游记的习惯，这对从事旅游宣传工作极有帮助。她在完成用户积累后选择做海外代购，也是很正确的选择，因为她在宣传的过程中经常接触海外产品，可以准确描述产品的优点，并能以简洁专业的方式进行阐述。可见，小菁选择旅游行业是十分正确的。

2. 用户分析

大多新媒体运营者会通过用户的性别、年龄、购物喜好、年龄爱好等，来分析他的类型。例如，一些企业推出的问卷调查或小测试，会让参与者填写许多个人资料。通过这些资料，企业就能判断出对方是否是目标用户。

新媒体运营者如果只是做好了内容定位，却没明确用户定位，提供的内容很可能不符合对方的要求。例如，同样是健身领域，有人吃蛋白粉增加肌肉，有人吃果蔬保持体形，运营者向他们推荐内容时就应该区别对待。此外，你还要区分用户的职业和收入。要是你的用户大多是白领阶层，可以向他们推荐一些营养配餐，可能比推送健康食谱更受欢迎。

在其他领域，运营者对用户的划分也该如此，这样策划出来的内容才能更加符合用户的需求。

3. 推送内容

运营者推送内容时，一定要注重投放的时间、频率和渠道。时间对内容的投放来说至关重要。如，春节、国庆、高考等重要时间节点，创作者要策划有针对性的内容。例如，高考前可推送一些让考生平缓心态的文章，再植入一些相关产品；在频率上，图文内容最好每日更新。视频制作成本高，但是也不能更新得太慢，否则会脱粉；推送渠道若是选择错误，运营者很难提高用户转化率。如，你的微博上有很多粉丝，那就在微博上推送内容，而不是非要用那些没有用户基础的平台。

4. 内容运营类别

运营类别包括内容运营、产品运营和用户运营 3 大部分。内容运营是指，运营者经过市场调查后写出既有垂直化，又有差异化的文章；产品运营是指，让选品符合用户的需求；用户运营是指，通过与粉丝的互动，吸引更多粉丝和维持用户黏性。

5. 统计数据

在内容规划中，统计数据有着十分重要的作用。它可以帮你了解内容的优点和不足，还有用户的喜好，以后你再制作内容就有方向了。通常情况下，创作者要统计的数据有：阅读量、复购率、收益、转化率，等等。

制作

运营者规划好内容后，就可以进行内容制作了。具体办法是建立标题库和素材库。此外，还要遵守一些平台的规则。

1. 标题库和素材库

广告人奥格威说："读者中阅读标题的人数是阅读内文者的5倍。"可见，标题在内容中具有举足轻重的作用。为了解决这一问题，新媒体运营者可以建立一个标题库。具体办法是：把一些爆款文章的标题整合在一起研究，摸索出它的命题规律。前期可以模仿为主，后期要进行创造。若是自己推广的文章有很高的点击率，更要总结经验，因为自己写的东西，用起来更顺手。

素材库跟标题库的性质一样，就是整合图片和文章的内文。整合图片后可以节省查找图片的时间，整合内文可防止创作时无话可说。在推送的时候，运营者还要注意图文的匹配度。要注意，搜集的图片有可能涉及版权问题，因此可以在免费正版图库中挑选，也可以付费购买使用。

除了标题、图文，文章中相关产品的引导语、排版格式我们也应该重视，这样才能全方位提升内容的质量。

2. 遵守平台要求

运营者完成内容的制作后，还需对内容进行审查。若是内容不符合平台要求则白费力气，甚至可能被封号。如，今日头条不允许链接个人微信号。因此创作者一定要让内容符合相关平台的规定，以免前功尽弃。

以上步骤是整体统一、相辅相成的，我们要根据平台要求去选择内容，推送内容时也要以统计的数据做依据。只有兼顾全面，才能以内容赢得用户。

3. 打造精彩内容的要素

在新媒体平台上推送内容，其对精彩度的要求要远远超过传统媒体。因此不可忽视吸引力、认可度、可转化 3 大要素，否则很难打动读者。下面我们就来看看如何做到这 3 点。

吸引力

运营者想引起用户的注意，内容就要兼顾实用性和趣味性。但是很多运营者只是强调实用性，而且夸大产品的价值，让用户十分反感。如，一位保健品经销商，多次在朋友圈夸赞燕窝的神奇功效，很快就被大家屏蔽了。因为现在许多人对燕窝都有所了解，夸大其词，反而不如介绍它的产地和营养成分有吸引力。

在这个泛娱乐化时代，内容的趣味性变得十分重要，因为同质化的内容和产品太多了，很难满足用户的个性化要求。为此，运营者必须想办法调动用户的兴趣点，才能受到他们的关注。

认可度

如果你的内容只是让读者觉得有趣，那是不够的。因为你是想通过内容来获取他对你的认可度，而不仅仅是让他开心。因此，内容创作方面采用的方法有：借助权威、使用数据、亲自示范，等等。

上述方法中，人们最相信的是真实体验和权威认证。真实体验大多来自用户真实的反馈，可快速提升别人对产品的认可度。权威认证包括一些证书奖状，还有知名人物的推荐。例如，微信公众号“十点读书”会经常邀请一些知名人士来朗读文章。名人都喜欢这个平台，用户就会更加信任了。

可转化

可转化是新媒体运营者制作内容的主要目的，用户的转化率越高，产品的销售额就越高。要想提高用户转化率，运营者可从两个方面着手，分别为：产品的稀缺性、付费路径短。

产品的稀缺性不只是库存少，价格低于同类产品也可以称为稀缺性。因此我们经常看到商家采取限时抢购、降价促销等营销方式，这种方法可以促使消费者快速下单。

付费路径短是指中间环节少，或没有第三方。如，北京物美超市升级了用户的会员卡，以往用户付费时要点开条形码，现在只要晃动一下手机，条形码就会出现。没有第三方是指不借助第三方平台来付费，可以节省用户的时间，进而提高用户的转化率。

运营者想要打造精彩的内容，以上 3 点缺一不可。若是还能借助合适的表现方式，在提高用户转化率上会有十分显著的效果。

4. 内容的 IP 化

如今许多新媒体运营者都选择了内容 IP 化，因为只有这样才能带动更多领域的用户。可到底什么是 IP 呢？有人说它是知识产权的缩写，指人通过脑力劳动所获得的成果专利权。现在，许多人认为 IP 可以是一个有影响力的故事、一句新意十足的话或一种理念。尤其是在传媒领域，一个好的 IP 可以与电影、音乐、戏剧、游戏、动漫等行业相连接。例如，哲学家柏格森提出的直觉主义，对美术、文学、影视等方面都有影响。可见，内容 IP 化，远比在某个垂直领域推送内容有影响力。

如果新媒体运营者推送的内容也能成为 IP，必然能提高商业价值。如，美国职业篮球联赛被制作成游戏，一些巨星的球鞋和衣服在线上销售火爆。还有一些靠输出优质内容的自媒体大号也渐渐成了 IP，如“十点夜说”“为你读诗”等，它们输出的一些内容跟商界、教育界、艺术界有关，于是植入一些产品、教育家的精品课，等等，有了广告收入，这些 IP 则可以联合更多的领域。但是靠内容成为 IP 并非一蹴而就，而是要不断探索的。下面我们来看看，用哪些办法可快速成为 IP。

向 IP 借力

创作者创作内容的时候，可以采用贴合超级 IP 的办法，进而提高内容的曝光率。例如，微信上曾疯传“煎饼刘德华”的视频，原来是一个卖煎饼果子的小伙子很像刘德华，这为小伙子带去不少顾客。若是在服装、美妆领域，这种方法也可以采用。大家在微信平台经常看到这样的内容：“我的服饰跟某位明星是同款，我使用的化妆品阿黛尔也在用。”这是最为常见的贴合方式。若是换作科技或文学领域，我们可以借助马云、雷军等人的观点，用以提高读者的阅读量。

美国篮球明星克劳福德已经 39 岁了，但是在一场比赛中他得到 51 分，占全队得分的一半，多家新媒体平台都报道了这件事。如，百度上的文章标题是《没想到有人能打破乔丹的这一记录》。乔丹 38 岁时得过 51 分，克劳福德大他 1 岁。搜狐体育上的文章标题是《常规赛的绝响——致敬克劳福德》，因为这场比赛在常规赛的末端，克劳福德所在的球队没能进入季后赛。

一家教育机构在微信上推送文章《战胜年龄束缚》。文中模仿克劳福德的口吻说：“我知道我的年龄很大了，而且队伍根本没有夺冠实力，但是我不能因此而气馁，否则不会有一个高光的夜晚。”

许多学生受到这段话的鼓舞，学习热情更高了，并把该文章分享给好友。

案例中的教育机构模仿克劳福德的口吻阐述学习理念，可谓借力巧妙。首先，按照克劳福德的个性，是能说出这样的话的。其次，许多学员喜欢这种激励自己拼尽全力的话。其实学习最初的目的是自我突破，然后才是成功，所以要把该做的做好，而不是因为绝望就消极对待。这种具有正能量的理念，有利于学员进行传播。

与 IP 合作

运营者的内容产生了一定影响力后，就可以寻找超级 IP 进行合作了，这样既能提升自己的知名度，还能提高用户的转化率。例如，一位妇婴产品经销商在儿童节前期，推出了高端的奶粉，并邀请明星孙俪合作。在产品的推广视频中，孙俪讲述了她对婴儿奶粉的要求，并分析了几种奶粉的优点。据统计，看此直播的用户高达 20 万，产品转化率高达 35%，收益近 150 万元，这是传统电商不可比拟的。

其他新媒体运营者也可根据自身的需要去找适合的 IP 合作。如果你是一位美妆产品运营商，也可以找用过此产品的合适的演员帮你做宣传。如果她的脸上没有一点儿衰老的痕迹，那就更有说服力了。再加上她在影视剧中的出色表现，为她积累了众多的粉丝，有助于商家的引流。

制造 IP

新媒体运营者想要成为 IP，最好的办法就是打造可以成为 IP 的内容。例如，科幻或武侠小说既能拍成电影，还可以根据它的情节和内容制作成游戏或玩具，从而实现收益的多元化。要是创作者就是一个 IP，还能节省宣传费用。如，某导演拍摄的电影，情节就可以从他自创的小说中选取，可谓自带粉丝。影片中的几位主角也可以选择有众多粉丝的 IP，这样票房有可能更高。

当运营者有了成为 IP 的条件后，还有一些事项必须注意：内容应在多个平台上发布，相时而动，持续推送内容。如，公众号“会画画的猫”，先是在微信上推出可更换笔头的毛笔，受到许多国学爱好者的欢迎。不久，又推出可折叠颜料盒、转刀等绘画必备产品，还把消息扩散到抖音、微博等平台，深受绘画爱好者的喜爱，现在这个公众号已经成为文化用品领域的超级 IP。

可见，能覆盖多个领域的内容影响力更大，受众也更广。因此新媒体用户在打造内容的时候，就要想好它可以借助哪些力量去宣传和推广，此后再结合适当的营销方法，这样做才能成为一个有巨大影响力的超级 IP。

5. 内容制作的原则

新媒体内容想要传播得更快、范围更广，除了要遵守一些要素外，还要遵守一些原则。如，用户视角、真实、成本、热门、比较等。这些原则不仅能帮助运营者更好地传播内容，还能节省成本。下面我们就来看看这些原则的作用。

用户视角

在内容制作的过程中，运营者一定要重视用户视角。因为大多数用户都是有阅读惯性的，你若是不了解他们的偏好，制作出的内容可能就没人观看。此外，我们还要知道用户愿意分享哪些内容，又会对其他人产生哪些影响。据统计，60% 的人会阅读亲朋好友分享的文章，甚至购买文章中植入的产品。可见，站在用户的角度去传播内容十分重要。

真实

许多新媒体运营者认为内容要夸大一些，对用户才有吸引力。但是上文已经说过，用户的认可更重要。他只有信任你，才能帮你传播内容。因此创作者要让用户看到你最真实的体验，这样才能赢得用户的口碑。例如，虎扑体育曾推出一款篮球游戏，邀请了一位篮球运动员做代言。他在视频中展示了一些操作技巧，然后说："这是一款很好玩的游戏，我每天都会玩上几场。"正是因为这位篮球运动员展示了真实的体验，所以远比网络上那些夸赞游戏的广告更有吸引力。

成本

在新媒体运营领域，成本不单指资金，还包括时间。如，许多运营者会选择微信大号帮自己进行广告宣传，但是并非所有的大号都能达到你预期的效果。比如你是美妆运营商，可非要找罗辑思维做推广就不太适合，因为它的用户最感兴趣的不是美妆。相反，你要是借助某位喜欢美妆的演员或歌手的微信公众号、微博去宣传，就会取得很好的效果，因为她的粉丝群对美妆会感兴趣。

热门

许多新媒体运营商借助热门事件打造了爆款文章。可见，热门事件对内容传播作用巨大。尤其是那些没有用户基础的运营者，更应该借助热门事件做话题，可快速增加文章的点击率。

某微信公众号对一款保险产品的作用进行全面分析。首先，使用这款保险的成员已经超过5000万人，参与者可以在社群中受益。其次，养老、医疗、房价等问题让一些人缺乏安全感。尤其是对普通打工者来说，这些都是让人头疼的问题。据统计，购买这款保险的成员中，47%是外出务工人员，可通过这款保险获得一个保障。第三，这款保险不断改善条款，能给用户带来更多的福利，并且它所采用的先进技术能为用户提供更好的服务。如，把区块链技术运用到相关公证、司法鉴定中，提升服务效率。

保险不仅是热门话题，而且是关乎许多人的痛点问题。案例中的这款保险，正可以解决这一难题。所以说这款保险能成为爆款，正是抓住了用户的心，同时针对人们对新生事物有所戒备的心理，适时推送了这篇文章，全面打消读者对这款保险的疑虑，必然受到读者的欢迎。再加上，这样的文章对许多人都有益处，用户读完后还会分享给亲朋好友。

比较

喜欢比较是有些人经常做的事。如，我们儿时就愿意跟小伙伴比谁的玩具更好。新媒体运营者在进行内容创作时也可以用比较的方法，来引起人们的注意力，从而证明购买相关产品的必要性。如，一位健身教练在朋友圈推送某位女明星减肥前和减肥后的视频，配的文字是："她，46岁才开始减肥。哪有岁月易老，只是有人对自己投入太少。"这样的视频及文字对女孩子很有吸引力，能提高用户转化率。

运营者在制作内容时，可把上述原则综合利用，必然会获得更多用户的认可，从而获得更高的用户转化率。

6. 优质内容未必信息量大

有些新媒体运营者认为，优质的内容一定是信息量巨大的。但是从用户转化率上看，并非如此。相关专家发现，当下的网络用户更喜欢轻量化和场景化的内容。有人问："轻量化是不是指内容语言简练、重点突出？"这是根本要求。此外，内容的展示形式也不要过长，这才能快速吸引用户，从而实现产品销售。场景化是指利用场景或故事来增强用户的代入感，让对方产生情感共鸣，引导读者主动消费。

现在，我们一起看看，运营者采用哪些传播方式能让内容轻量化，以及实现内容场景化的办法。

轻量化

如今，能使内容轻量化的传播方式有很多，如，短视频、微信小程序、微场景和问答等。运营者可根据自身的需要及用户的需求，挑选适合应用的传播方式。

1. 短视频

短视频跟图文相比最大的优势就是承载的信息量大。此外，视频可以给人综合视听的体验，正符合当下人们获取消息所喜欢的方式。如，一些服饰类电商用短视频来展示产品的做工和穿着效果，可以增强用户的信任度，对产品的销售帮助极大。

飞亚达手表曾联合腾讯视频进行产品投放，选择的代言人是某位女演员。腾讯视频帮助飞亚达分析了这位女演员的粉丝特点。如，信赖大品牌、追求高品质生活、品味独特等。因此视频中展示出的手表很符合用户的要求，获得了很多订单。

我们试想如果腾讯视频不用这位女演员去展示飞亚达手表，而是采用图文的方式，可能就不会取得这么好的营销效果。因为图文很难让用户直观感受到，手表对一个人气质的衬托作用，视频则可以。正是这样的展示效果，帮助飞亚达手表大卖。

2. 微信小程序

微信小程序是许多新媒体运营者都采用的软件，它可以在微信内部运行，而且无须下载，只要安装就可以使用。再加上它需要的内存很小，即使不用也不需要卸载。因此，新媒体运营者可以使用它进行内容宣传。

3. 微场景

运营者利用微场景可以给用户带来极佳的体验，因为它展示的方式包括视频、图片、音频等。例如，宝马曾用微场景售车，用户可以体验车的音效、操作程序、设计流程等。用户还可以通过链接或扫码方式，与商家互动，从而对汽车有更多的了解。这种展示方式远比图文更加直观、有趣，可以给用户身临其境的体验，也能调动他们的购买欲望。

4. 问答

在新媒体运营领域，内容创作者的有效问答更能体现自己的专业性。如，针对自己领域内的知识进行回复，并在答案中推荐产品，通常会取得很好的营销效果。例如，一位运动商品运营商在微信中问："运动时穿什么布料的衣服最好？"许多答题人都说纯棉的好。运营商给出的答案则是速干面料的衣服，因为速干面料具有排汗快、结实、不易变形、好清洗、不刺激皮肤等特点。纯棉的衣服虽然吸汗效果好，但是排汗效果差，还容易变形和掉色。这条答案得到了用户的一致认可，带动了产品的销售。

场景

运营者想要实现用户转化，就要根据用户可能接触到的场景来提供内容和产品。要是忽略了这一点，输出的内容就可能毫无作用。下面我们来看看，运营者可以从哪些方面入手来为用户提供场景化的内容。

1. 场景多样化

如果运营者只搭建一种场景，很难带来大量的用户，因为许多产品的用途都是多样的。运营者的引导不够全面，就会让很多用户无视你的内容。

为了避免上述情况的出现，创作者可采用以下几种方法：根据不同领域的结合点去打造场景，如一些书店里有咖啡馆，喝咖啡可以在读书困倦时提神；我们还可以根据产品可使用的领域去设计场景，例如湿巾日常可用来擦手，也可以擦汗、清理电脑屏幕，等等。多样的场景可拓宽产品的销路。

2. 贴近用户的生活

内容场景化的主要目的就是带动用户产生联想，从而引起共鸣，提升对内容的黏性。要想做到这一点，运营者就应该根据用户经常接触的环境去打造场景，这样才能打动用户的心。例如，你的用户群体是大学生，就不要设计家庭生活的场景，因为很多大学生不经常回家，否则效果必然会大打折扣。因此，我们要围绕用户的生活来设计场景。例如，一位妇婴产品运营商推出一款智能温度计，只要把温度计轻轻放在婴儿额头前，就能测出婴儿的体温。这样的场景不仅与用户的生活接近，还能给他们带来方便。这样的场景设计，一定会受到用户的欢迎。

3. 规划场景

用户由于受生活环境的限制，对场景的想象具有局限性，为此运营者必须规划场景，才能引导用户购物。

想要制定一份好的场景规划，运营者先要对用户的使用需求有准确的预判。例如，一些传统节日到来之前，商家会提前规划场景，这样做才能带来更高的销售额。

新媒体平台的大量出现，给内容的轻量化和场景化提供了很好的条件，创作者可以结合以上几个方面进行内容创作，让用户对产品性能和用途有更多的了解。

7. 精彩频出的内容更有吸引力

说起精彩频出的内容，许多人马上会想到幽默小故事和精彩小短句等。我们先看这样一句话能制造多大的影响力。企业家王健林曾说："我要先实现一个小目标。"这句话瞬间成了网络金句，被许多人引用。一句话尚且如此，如果是精彩频出的内容，一定会更加受欢迎。

奥利奥饼干曾携手两大男明星在天猫做直播，上演了一场真心话大冒险。在直播的过程中，精彩语句频出，而且被二人用北京话和上海话来演绎，逗得观众不断留言、点赞。

天猫对内容的输出方式与其他平台相比，可谓独树一帜。当下其他平台的内容，大多由主播引出话题，然后和用户一路聊下去。天猫却精心策划了一场演员们的幽默对话，输出的内容更丰富了，请来的代言人也符合用户的要求。

如果明星只是坐在镜头前跟用户交流或介绍产品，不仅很难调动用户的热情，还会让他们产生疲劳感。而让明星结合一些热门事件和产品信息来阐述，用户不仅能看到明星幽默的一面，也有利于引导他们购买产品。

据统计，这两位男明星打造的直播视频点击量高达

3000万，参与节目互动的粉丝超过300万人，销售额是平时的6倍，直接让产品卖断了货。

类似的内容制作方法还有很多。例如，两位制作健康早餐的美食达人，在直播中，不仅亲手制作早餐，还在讲述的时候加入幽默语句。这样的方式，远比以往只讲烹饪方法有趣，用户也乐于观看。

主播除了用幽默语句讲解烹饪，介绍食材的时候还采用了这种方式：即助手回答大厨的问题时答非所问。正是因为答非所问，才有纠错过程，不仅扩大了内容的涉及面，还让内容更加丰富，却极具搞笑效果，使得观众频频叫好。

并且，在直播下方植入早餐中所用到的食材，用户单击链接就能够购买，还有机会享受特价，更增添了用户购买的便利性。

优秀的新媒体运营商可以在直播中加入一些精彩内容。若是换成其他形式，也可以借助精彩的图文、短视频去提升内容的观赏性。例如，微信公众号“读书堂”曾推出励志文章《别让过去荼毒今天》。文章讲述了发生在不同领域的4个故事，并加入视频、动图、歌曲，以提高内容的观赏性。如，讲述一位运动员时，用了她在冬奥会上的比赛视频；讲述丽江一位歌手时，配上了她唱的《我的路》，给用户带来了综合视听的体验。

可见，想要让内容更具吸引力，就要不断给它注入精彩的内容。这样用户才能一直关注，也有可能增加商家的销售机会。

8. 内容运营的误区

英国新媒体营销学专家维多克说："许多内容运营者，看到内容推送后反响不大，就怀疑是自己采用了错的表现方式。如，该用视频的地方却用了图文形式。其实这不是主要原因，错误还是出现在内容上。"现在我们就来看看，新媒体运营者在打造内容时，应该避免哪些误区。

枯燥乏味

新媒体的内容一定要有趣味性，这是许多用户观看信息的动力。既然平台上有大量有趣的信息，那么很难有人对读起来索然无味的内容感兴趣。因此内容一定要生动而且丰富，这才有可能被浏览。

残缺不全

当下用户的时间具有碎片化的特点，很少会去看长篇大论的文章，反而是短小易懂的文章更受他们的欢迎。但是，有些运营者只考虑到用户的喜好，却没想到内容的残缺不全会导致用户无法理解，甚至对你的本意产生误解。要想做到言简意赅，又表达全面，这是内容制作上的一个难点，需要新媒体运营者认真钻研。

跑题

再有趣的内容一旦文不对题，也就没有价值了。许多新媒体运营者为了吸引读者阅读，会给文章起一个非常新颖的标题，但内文却不对应题，还要拿别人说过的金句来增色。这样的内容比平淡无趣还没有价值。优质的内容必须以扣题为前提。否则，很难有用户读完你的文章。

用词错误

用词错误包括：用词不当、用词多余、用词错误几种情况。其中最为常见的是用词不当。如，形容一个女孩子你可以用“俊俏”，但是不能用“英俊”。用词多余的主要原因是，一些新媒体运营者喜欢使用一些毫无必要的词做装饰，自认为能使语句更优美。如，我们形容一个人热情，说他像太阳一样，就没有必要在太阳前面加上温暖一词。运营者犯以上两种错误，读者只会质疑他的文学水平，要是用词错误，而且还是关键词，文章的意思都会改变。

一家唱片公司在搜狐上发推文，文章标题为《超级黄金大碟，再创歌坛熊市》。老板看到后，怒斥文案人员：“你难道连‘熊市’和‘牛市’都不知道吗？”

“老板，我常听别人说‘熊心万丈’，以为‘熊’是‘高’的意思。”

老板听完很无奈地摇摇头。

案例中的关键词用错了。读者若不看正文，会理解为：唱片制作得很好，但是销量不行。不仅没有起到宣传的作用，反而会引起读者的嘲讽。因此，运营者一定不要把词用错了。

形式欠妥

形式是内容的外衣，只有二者结合好，用户才愿意浏览。如果发文的形式不对，就很难实现预期的宣传效果。例如，向青少年推送长文章，他们就很难有耐心去读完。

缺少互动

优秀的内容运营商大多会讲一些能带动大家情绪的话，引起大家的讨论。要是粉丝留下的评论十分精辟，新媒体运营者应该对他表示感谢，并转发评论，这样粉丝会感觉你尊重他，以后更愿意浏览你的内容。切记不要把内容制作得不接地气，否则很难获得用户黏性。

没标注链接

新媒体运营者一定要在文章的结尾处设置品牌链接，否则起不到品牌推广和营销的作用。此外，还要注意，一些营销号会盗用你的内容来提升自己的人气。

时机选择不当

在新媒体运营的过程中时效性十分重要。你要是选对了时机，文章就容易被阅读和转载。反之，就没人看你的内容，或者用户的注意力被其他信息夺走了。如此一来，运营者就白费力气了。

一般情况下，内容推送的最佳时间是早上 6~9 点及晚上 8~11 点。早上这个时间段，许多人在上班路上，会浏览最新信息；晚上那个时间段，大家常常在家浏览网页或玩游戏。我们只有抓住人们上网频繁的时间段，发布的消息才会引起大家的关注。

以上就是内容运营中经常出现的问题，运营者一定要高度重视。否则总是差一点儿，就好比短板理论，会对整体造成极大的影响。

9. 没创意，巧用内容编辑器

一些运营者推送的内容不过是两句话再配一些平庸的图片，这样的创意完全不符合互联网用户的阅读习惯。为此，内容制作人员要借助一些内容编辑器，才能让内容的显示效果与大家的审美相一致。下面我们就来介绍一些可以美化内容的工具。

内容编辑器

我们以微信公众平台为例，它是原创图文的重要新媒体渠道，运营者可借助内容编辑器把图文素材打造成让人赏心悦目的公众号文章。通常情况下，新媒体运营者会采用以下几款内容编辑器。

小蚂蚁微信编辑器：这款编辑器可帮助运营者完成内容标题、内容分割、阅读原文、图文背景等方面的操作，可提高公众号发布内容的美观度。缺点是不太适合手机操作。

135 微信编辑器：一款由 135 编辑器官网打造的软件，具备编辑功能强、操作简单、模板精美的特点。用户利用手机就能完成操作，因此是业内最受欢迎的编辑工具。

96 微信编辑器：该款软件的许多特色功能都很受内容

制作者的欢迎。如，10秒作图、设计神器、小程序开发等。除此之外，素材库里还设有吸粉素材，为创作者节省了大量的时间。

秀米微信编辑器：这款编辑器的最大优点就是排版功能操作简单，而且有多种可以操作的模板，受到许多微信运营者的欢迎。

图文工具

新媒体运营者采用的图文工具主要包括：美图秀秀、Photoshop和QQ截图工具等。我们来看看这些工具的作用。

美图秀秀：一款操作十分简单的修图工具，没有学过美术设计的用户也可以使用。它的功能很强大，可以灵活地编辑图片，而且素材库里有很多实用图片。许多移动互联网用户愿意用美图秀秀来美化和编辑自拍照。

Photoshop：是当下最为流行的图片编辑工具，可以完成修图、绘画、文字、排版等图文编辑工作。但是这款工具的专业性极强，对用户的操作能力要求极高，适合编辑比较复杂的内容。

QQ截图工具：这是网络用户最常用的一种截图方式，只需同时按住Ctrl、Alt和A键，就会弹出可截图的页面，用户根据自己需要的区域去截取，然后点确定，就能获得自己想要的截图。

360软件小助手：用户点击软件的图标后，会弹出一个页面，页面的右下角有截图的功能键，单击“截图”就可以进入截图界面。用户可通过智能和手动两种方式完成操作。

用于编辑内容的工具还有很多，以上只是最为常用的几种。新媒体运营者可以根据自己的需要，挑选可以结合使用的工具，相信会取得更好的显示效果。

10. 老板牌电器与年夜饭

2019 年春节前夕，老板牌电器推出短视频《婆婆妈妈的年》，讲述一个厨房容不下两个女人的故事。主演是老戏骨李勤勤和方青卓，导演是张大鹏，微信朋友圈里最火的短视频《啥是佩奇》也出自他的手笔。

这次宣传的目的，主要是向广大用户解读"新厨房"的定义，推出的产品是油烟机和中式蒸箱。

视频中的厨房跟现实中的厨房相似。主人公婆婆和妈妈出场后，插入导语："我妈每次烧完菜都会擦拭灶台，婆婆认为多此一举，反正下一次还要用，太麻烦，两个人因此互相看不惯；婆婆手脚笨，总是把厨房弄得一团糟，我妈看一次崩溃一次，又不好说什么；婆婆每次下厨房都弄得乌烟瘴气，跟打仗一样，我妈被熏得够呛。厨房里斗智斗勇的戏每年都上演。"

"新厨房"的概念就是，通过技术产品的革新为人们打造更好的厨房环境，从而解决厨房里人与人之间的矛盾，建立和谐的关系。影片就是以这种关系为切入点并展开的。当饮食习惯不同的两家人出现在同一个厨房时，"清蒸派"无法接受接受爆炒的油烟，"爆炒派"无法忍受清蒸的水汽过大。厨房里的矛盾点找到了，问题也就好解决了。

视频中的婆婆和妈妈在春节时，相聚在一个厨房，二人的权利之争随即上演。视频采用了黑色幽默的台词，并配合京剧鼓点，以渲染紧张的气氛。老戏骨李勤勤扮演的妈妈喜欢爆炒，喜欢把菜做得红红火火的；方青卓扮演的婆婆心宽体胖，认为万物皆可蒸，且有蒸蒸日上的含义。

二人的台词还涉及养生学。婆婆说："油烟大容易致癌。"妈妈说："水汽大会臃肿。"从二人的理念上看，显然不可能和谐相处。

妈妈爆炒时，油锅起火了，婆婆上去浇了一瓢水，并用吸风机吸烟；婆婆蒸的馒头水汽大了，妈妈嘲笑说那是"水煮馒头"。

为什么会出现这种情况呢？还不是油烟机的功率不够大，蒸箱的性能不够好！该如何解决这一问题呢？

次年的春节，婆婆和妈妈又聚在厨房。这时厨房已经采用老板牌油烟机和蒸箱了，不仅驱走了厨房里的油烟，还保证了蒸菜的美味，婆婆和妈妈会心地笑了。

一个厨房的故事，就是千万家生活的写照。只有把冲突解决掉，年味才不会水火不容。

据悉，导演为了保证故事的真实性，在摄影棚内，打造了一个复式住宅，并邀请了电影《小猪佩奇过大年》中的一些演员，提升了整个视频的欢乐成分。如，视频中的小男孩看到风格迥异的年夜饭，一脸的惊讶和尴尬，十分搞笑。其他演员的演出也十分到位。

视频内容非常自然、精彩，为老板牌油烟机、蒸箱带来了很好的促销效果。

我们从内容营销的优势来看老板牌电器的视频。首先，它带动了用户的情感，如讲述年夜饭的故事。其次，塑造的场景非常贴近人们的生活，容易引起人们的共鸣。最后，视频通过产品展示消除了用户心中的顾虑。

新媒体运营商应该从这些好的内容中，学习内容创作的方法、创意的选择、推送的时机，等等，如此才能让自己的内容备受欢迎。

第六章

新媒体的传播与变现

1. 内容传播的要素

内容电商想要实现最佳的传播效果，就要遵守内容传播的 4 大要素，分别为：故事、情绪、关联和价值。下面，我们就去看看这几大要素的作用。

故事

故事跟产品数据相比，更容易被人们记住，因为它有情节。而且从传播的角度来看，人们更愿意分享故事，从而提高产品的曝光度。例如，许多人喜欢耐克的产品，就在于它善于用故事来宣传自己的企业理念。如，微信上有一篇文章叫《你可知道凌晨四点的洛杉矶》，讲述耐克代言人科比的奋斗故事。

许多品牌公司都会用故事来提升自己的知名度。例如，人们知道企业家董明珠是一个雷厉风行的人，就是因为看过她的创业故事，欣赏她的奋斗精神，进而喜欢格力的产品。可见，故事是加速内容传播必不可少的要素，因此内容创作者要善于讲故事。

一个歌手用歌曲来讲述自己的亲生经历。如，在北京一连几个月没有演出；没有收入，还得考虑租房吃饭，不敢参加朋友的聚会；很早就答应给女朋友买部相机，又无法兑现。越想越惭愧，但是当音乐响起，他的心平静了许多，还要继续坚持自己的梦想。

因为歌曲表达了许多追逐梦想者的心声，上传到微信后，获得了极高的点击量。

案例中的故事能感动许多在大城市追逐梦想的年轻人。他们顶着房租不断上涨的压力，孤独地坚持着，能让自己平静的就是自己热爱的事情，所以能和歌曲产生共鸣。其他新媒体运营者在推荐产品时，也可以讲述自己的创业历程，也许会取得更好的转化效果。

情绪

新媒体运营者想要让用户帮自己宣传，必须调动用户的情绪。一位新媒体运营专家说："一篇可以打动读者的文章，至少应该有 3 个能调动用户情绪的点，才能激发用户兴奋、孤独、愤怒等方面的情绪，才能让内容得到更广泛的传播。"如，你写一篇关于调整心态的文章，消极、积极的心态都要讲，还要总结各自能带来的影响，这样才能更符合用户的心理需求，实现传播的目的。

除此之外，还可以采用发问的方式来调动用户的情绪。例如："你以为体重掉得快，就是减肥成功了吗？"这样的发问方式会引起人们的思考，此后创作者可以说减肥太快的坏处，并推出一些科学减肥的方法和健康食物，就会获得不错的用户转化率。

关联

所谓关联，就是把产品和大家经常接触的事件联系在一起。这样有利于产品的销售。例如，把博尔特奔跑的画面和手机放在一起，大家马上就能想到手机操作的反应速度很快。

价值

有价值的东西更有利于用户向他人分享，也更容易获得他人的认可。新媒体运营商也应该为用户提供有价值的东西，这样用户才会有传播的动力。如，有人愿意在微信上传播积极向上的观点，有人愿意推送能治疗流感的方法等。

新媒体运营者在传播内容时，以上几大要素必不可少，在这些要素中，情绪是连接其他要素的纽带，故事是先导，用关联性来推进，用价值来提升。只有四者结合在一起，才会收获最佳的传播效果。

2. 让传播方式帮你吸引粉丝

在新媒体上传播内容的主要方式有图文、图集、视频和直播几种。因为运营者输出的内容和产品不同，所采用的传播方式也应该不同，这样才能实现自己的目的。下面我们就来看看，运营者该用哪一种传播方式来吸引粉丝。

图文

图文的传播方式在新媒体上是最为常见的，可以让用户对产品有一个全面的了解。例如，辽宁的一个啤酒公司借助新媒体推送图文内容，获得了几十万的收入。首先，文章指出好啤酒的关键是好水，并用图片展示了啤酒厂取水的水源地。其次，讲述了人们喝啤酒为什么会发胖的原因，一是热量高，二是其中有一些不易分解的元素。最后植入产品广告。因为啤酒每箱的价格也合理，所以引起了用户的抢购。

运营者如果能借助图文让用户看到产品的价值，自然会受到用户的欢迎。

图集

图集是几种传播方式中最为常见的，具有制作简单、效果明显的优点。如，推送美妆方面的内容，在发出化妆前后的对比图后，配上标准简短的文字，就能吸引用户的注意力。但不能只是放了图文就不管了，创作者还需要认真研究语句的搭配，在保证图集数量的同时，也要保证质量，并且不能忽略内容制作该有的要素。

小松是一名医疗器械推销商，附带在微信上推销智能体测机。该机器能测量身高、体重、脂肪含量、骨重量、体水分率等。测试完，机器会生成一张测试表。测试者可根据此表去调整饮食结构，或者做有针对性的训练。

小松采用图集的方式去宣传，所列图片中穿插着一些引导语。如，“也许你并不强壮，什么才是骨瘦如柴，你的皮肤还算水嫩”，等等。图集中除了个人照片，还有该机器所取得的证书。每台不到500元的价格也符合用户的购买能力，大家可以采用微信付款，快捷方便，对用户极具吸引力。

在新媒体上，一些产品用图集的方式来表现，要比文字更有说服力，因为具有一目了然的优势。此外，它比制作视频更加节省费用。案例中的产品就采用了这种方式进行宣传。人们希望对产品了解得更加直观，所以它最适合。与之相似的产品都可以采用这种方式来展示。

视频

视频能给用户带来更鲜活、更立体的体验，这是图文和图集无法做到的，因此有着极高的产品转化率。例如，微信公众号“放声高歌”就用视频的方式展示该如何唱歌，并获得了许多用户。在视频中，创作者以平时大家经常使用的“K歌”方式为参照，帮助用户分析他们的得分为什么不高。然后亲自展示演唱技巧，用得分来证明什么是正确的方法。此外，创作者还从演唱姿态、呼吸调整、高音控制等方面来讲述，如何在唱歌时既能省力，还能达到预期效果。在视频的下方，有专业的麦克风购买链接及详细的使用说明，很好地实现了产品转化。

直播

直播除了具备视频的优势之外，创作者还可以及时与用户沟通，提高用户的满意度。例如，我国著名心理学专家海蓝老师在新浪微博开通直播课程“如何让情绪平稳”，讲述了如何克服焦虑、愤怒、紧张、自卑等情绪。快要考试了，许多人因为知识点没有看全而忧心忡忡。解决这个问题最好的办法就是，马上拿起书，多看一本是一本，并时刻让自己保持精神集中。再来看自卑，许多人认为自己工作一般、长相一般，也没有什么特长，因此而自卑，没有自信，可是每个人看人的角度是不一样的。例如，有人喜欢你的性格，有人喜欢你的字，这都是你获得自信的地方，千万不要把自己陷入自卑中一蹶不振。此外，海蓝老师鼓励年轻人凡事要敢于尝试，不要因怕失败而紧张，否则以后就很难有从容试错的机会了。据统计，有500万观众观看了直播，很多观众成了海蓝老师的忠实粉丝。

新媒体运营者要根据内容和产品去选择传播的形式，才能更好地展示内容。此外，上述几种传播形式也可以综合利用，能给用户留下更深的印象，更有利于内容的传播。

3. 别让分发机制浪费了内容

一些新媒体运营商制作出了优质内容，却没能广泛传播。究其原因，问题很可能出现在分发机制上。如，一篇在搜狐上点击量10万的文章，在头条上却鲜有人问，就是因为二者的分发机制不同。从新媒体平台的整体来看，内容分发的形式主要有两种：一种是社交分发，一种是算法分发。运营者只有了解两种分发机制的差别，才能打造出点击率超高的内容。

社交分发

社交分发的平台有新浪微博、微信公众号，等等。例如，微信公众号通过朋友圈分发内容，新浪微博通过与用户互动分发内容。在社交分发的平台上，最为重要的是粉丝质量，他们决定了点击量的基数。优质粉丝越多的微信公众号，内容被传播的范围越大。

当然，也有粉丝数不多，却被大量转发的文章，但毕竟是少数。在依靠社交分发的平台上，还是大号更具优势。例如，一位美妆运营商在某位女演员的微信公众号上进行推广，获得了5万的点击量。可见，粉丝对社交分发来说十分重要。

下面我们来看看意见领袖和优质粉丝的作用。意见领袖是指行业中比较有影响力的人。如果你推送的内容由意见领袖转发出去，点击量可能是自己推送的几十倍。例如，电视节目《中国诗词大会》邀请的评委大多是文化界的名人。在他们的推荐下，一些优秀的选手才广为人知。因此，以推送内容为主的新媒体运营者，要让意见领袖欣赏你的内容。以产品为主的新媒体运营者也可以跟意见领袖进行合作，从而实现彼此的双赢。

如果你想通过意见领袖的微信或微博发送内容，也要考虑投入产出比。

沈阳有一家美容医院邀请某位曾经在该医院做过美容的演员做代言，这位演员在个人微博上发布了该美容医院撰写的文章。该医院除了给这位演员代言费外，还赠送了一张贵宾卡。此次推广为医院带来了比以往高许多倍的用户转化率，文章也实现了5万多的阅读量。

当下，热衷美容的人十分多。沈阳这家美容医院，找曾经的顾客并且是演员的人做代言，是因为这位演员在辽宁的知名度很高。她推送的文章，会有很高的阅读量。此外，该医院向这位演员赠送贵宾卡，这位演员很可能继续把自己的美容效果在微博上展示，可以为公司代来极大的收益。由此可见，意见领袖的巨大作用。

优质粉丝是社交分发类平台的主要力量。创作者要通过大量的优质文章去积累优质粉丝，以后他们会帮你进行宣传，从而可以提高内容传播的效率。

算法分发

依靠算法分发的平台主要有大鱼号、企鹅号、淘宝头条、今日头条、抖音等。它们无需借助社交或粉丝去进行分发，而是按照用户标签、账户标签和文章标签去分发。用户标签是指运营商通过大数据分析用户的喜好，然后划分用户的类型；账户标签是按照创作者的账号类型进行分类；文章标签是指按照推送内容的类型进行分类。例如，科技类、文艺类等。

我们就以今日头条为例说一说，内容运营者在算法平台上如何进行内容传播。

新媒体运营商在今日头条上推送的文章需经过消重、推荐、审核等流程，最后才会出现在用户面前。所谓审核，就是不允许出现禁用和违法的内容，这里不再展开讲解。我们主要来看推荐和消重。

1. 推荐

今日头条的推荐方式是：系统判定文章的类型后，把文章推送给与之相匹配的用户，以实现精准营销。判定时主要依据关键词，所谓关键词就是那些特征明显且重复率高的单词。例如，“爆发力”就是体育运动中的关键词。系统认定关键词后，会把关键词放进内容分类模型进行对比，进而生成某个领域的标签，有些关键词会在许多领域出现。如，刘德华既属于音乐领域，还属于影视领域。此时系统会分辨内容中哪一类关键词多，然后进行匹配。

系统除了识别内文中的关键词，还会对标题的关键词进行识别，因此标题中的关键词也很重要。例如，“善于沟通的人，说话绝不采用的 3 种方式”，可以判定为口才沟通类。换种说法“情商高的员工，不会采用的 3 种说话方式”，系统会把它判定为职场类。可见，关键词出现在标题中，可提升系统判定的速度。

系统还会根据用户的年龄、微信账号、购买行为等，来划分用户属性。例如，一位用户喜欢探险方面的文章，系统就会为其打上探险的标签，然后向其推荐内容，以实现精准匹配。

今日头条采取分批推送的方式，就是率先推送用户最感兴趣的内容。判断的依据是：点击数、读完率、收藏数、订阅数，等等。内容创作者，如果想要实现超高的用户转化率，就一定要重视上述的几大依据。如，用户不把文章读完，很难看到商家的产品链接。点击率低的内容会影响后续文章推送的数量。

运营者想要提高读完率，首先，在语言文字上要有利于用户阅读。其次，要注意文章的连贯性和趣味性。提高点击率的办法是打造极具吸引力的标题和图案。若是想提高用户的活跃度，要及时和用户沟通，并保证提供的内容是干货。

在以算法分发为主的平台上，创作者想要保证不脱粉，就要快速更新文章。如此，系统才可能明确账户的类型，并提高内容被推荐的可能性。此外，内容创作者还要专注于一个领域，不可今天写育儿类，明天写美食类。只有专注于一个领域，才能让文章实现标签化，同时也有利于被系统推荐。

2. 消重

消重是指系统对重复、相似的文章进行对比，不让相似度高的内容同时出现在用户的信息栏中。消重既有利于优质内容的曝光，也能提高用户的阅读体验，因为没有人愿意看相似的内容。

头条的消重主要包括：标题消重、图片消重、内容消重、主题消重。

标题消重和图片消重的性质类似，就是不要用同样的的标题和图片。否则就算内容完全不同，也很可能被系统分发。为此，创作者在起标题和选择图片时一定不要为了省力去复制别人的东西，否则就没有区分度。

内容消重是指头条会根据内文、图片、标题等进行信息转换，然后生成专属的信息指纹。相似的信息所对应的指纹区分度很小，因此系统只推荐权威性强、发布时间早、标记原创的那一篇，其余类似的内容会被淘汰。

主题消重是指系统会对主题相似的内容进行消重，因为没有人愿意看千篇一律的内容。这方面的限制会让新媒体运营者慎重选择热点事件。如果运营者依旧想用热点来打造内容，可以变换写作视角，以此避免主题的重复。例如，大家都谈论某位歌星的演唱技巧，你则可以写他的成长经历。

可见，运营者为了避开被消重的可能，就应该在算法平台上发布原创性强或与众不同的文章，而且采用的图片也要有特色，这样才能获得更多的推荐。

4. 借助“经纪人”，提升知名度

以往商家需借助经纪人和用户完成即时和直接的交流，新媒体运营者也同样离不开经纪人，他们可以帮助商家提升用户转化率。从目前来看，服饰、数码等领域的新媒体运营者都会借助经纪人，来促进销售转化的速度。

有人会问，新媒体运营者需要的经纪人和传统的经纪人之间有什么区别？传统的经纪人是你的业务代表，而在新媒体领域，意见领袖、知名网红、内容达人都有可能成为你的经纪人。

例如，一些淘宝电商与时尚达人进行合作。达人负责帮助商家吸引粉丝，进而实现收益，这就是新媒体运营中经纪人的作用。

新媒体运营者不断输出优质内容，可让用户持续保持注意力。如果内容和产品俱佳，在用户中必然会形成独特的魅力。这时运营者如果还能结合一些互动形式，就能对销售转化起到巨大的作用。

经纪人与新媒体运营者达成合作关系后，输出的内容就要展示产品方面的知识，并采用适合的方式向用户推广，也可以采用一些优惠活动，来促进产品的销售。简言之，以前的经纪人大多靠业务能力帮助大家，而今新媒体平台上的达人，可以根据自己的影响力来吸引用户，然后用产品或服务赢得用户，他们是用户和新媒体运营者之间连接的纽带。

那么，新媒体运营者该如何打造一个高效的运营团队呢？相关专家认为运营者可从电商和非电商两个平台进行努力。下面我们就来看看构建的具体方法。

电商平台的经纪人

我们以淘宝上的新媒体运营者为例子，其打造的经纪人体系，其实就是构建一个达人协作体系。因为达人的任务多为一次性，不可能同时为几件产品写宣传广告，因此需要多位达人共同协作才有可能完成。

新媒体运营者和达人合作的方式有两种，一种是与达人机构合作，另一种是与达人直接合作。随着新媒体运营商的不断增加，一些达人机构在内容创作上的能力越来越强，所收取的费用也在增加。因此运营者在与达人合作时，要权衡利弊。下面我们就来看看，运营者该从哪些方面入手。

1. 寻找适合的达人

人们常说，适合的就是最好的。新媒体运营者找达人合作也要选适合的，用来衡量适合与否的依据就是用户人群和产品属相。我们以海外女装代购为例，新媒体想要寻找的达人就应该具备以下能力：对美妆、服饰搭配、箱包等领域的知识都很精通。此外，运营者要了解达人的粉丝群体。例如，篮球运动员的粉丝大多是青少年，运营商的目标用户如果不是青少年，就不适合找这类达人合作。

运营者找到适合的达人类型后，再去选择适合的达人就不难了。判定一个达人是否合格的依据是阅读量、转化率和观众数。此外，新媒体运营者还可以到网站的平台上寻找可以合作的达人。

2. 衡量自身

运营商寻找达人之前，应该先弄清楚自己的产品有哪些种类？目标客户有多少？例如，有人代购海外的妇婴产品。这类产品关乎孩子的健康，一般价格不菲。此外，由于受地区性影响，运营还要收代购费。尽管妇婴产品价格高，但是有消费能力的中等收入家庭还是会选择购买。运营者了解用户属性后，还需考虑产品的投入产出比，才能做出合适的选择。

3. 与达人合作

新媒体运营者和达人交流的时候，最好开门见山。例如，可以直接说："我是体育产品的经销商，看您穿过我们公司生产的运动装，不知道您是否满意？现在我们需要您来帮助做宣传，不知道您是否愿意合作？"开门见山谈合作，可以快速引起达人的兴趣。此外，不要在达人进行直播的时候给他打电话，否则很难得到回复。

运营者和达人达成协议后，可以根据达人的类型制定一个详细的计划。如，注明内容的推广时间和报酬。对于长期合作的达人，可要求任务量，这样才有利于实现更好的转化效果。对于同一款产品可以请多位达人去推广，并采用多渠道推送的方式，可以让流量的覆盖面更广。如果有内容集中爆发的时期，运营商最好提前两个月开始推送内容。

4. 维护关系

运营者和达人有了良好的合作后，一定要维护好彼此之间的关系。因为你要打造的是达人体系，这需要跟多位达人进行合作。运营者也应该为大家提供便利，如提供写作素材、产品图片和提高报酬等。此外，还应该和达人进行互动，谈谈行业动态等话题，这对再次合作帮助很大。

非电商平台的经纪人

新媒体运营者在非电商平台上打造经纪人体系的方法有：与自媒体合作、微信分销，等等。不管哪一种搭建方式，其目的都是根据商家的要求，进行产品销售、内容分发、与用户互动等，促进销售转化率的提升。

经纪人体系一旦打造成功，运营者还需做好配套工作，才可以保证体系的正常运行。首先，与产品相关的知识体系应该完善。例如，有些运行商只想创作者提供产品的价格、质量、功能，却不提及企业文化。创作者在创作内容时，就很难注入情感，这必然会影响产品的转化率。其次，运营者还需对经纪人进行分层和分类管理。这样不仅有利于资金分配，还可以提高资源利用的效率。最后，运营者还需建立合理的激励制度，以调动经纪人工作的积极性。

一个高效的经纪人体系，可以帮助新媒体运营者克服以往销售中的诸多弊端，还能让运营者知道更多的行业动态，对扩展业务很有帮助。个人和企业如果想要发展，就离不开集体的智慧，因此借助经纪人的影响力，可以让产品实现更多的转化。

5.“京东发现”的营销模式

京东是闻名全国的电商企业之一，他们在互联网上销售的产品有：服装鞋帽、汽车配件、家居用品、图书、食品、健身器材，等等。为了给用户提供极佳的购物体验，京东在手机客户端设置了“京东发现”，为广大用户提供电商销售的产品，以提高销售效率。

用户在“京东发现”上，可以申请成为京东达人，申请通过后，用户就能在京东平台上推送内容和销售产品，从而获得一些收入。京东达人创作的内容可分为以下几种：文章、视频、专辑、清单和搭配。达人创作完成后，可以在平台上进行投稿，审核成功后，内容会被“京东发现”推送到用户面前，从而扩大产品的销售量。

关于“京东发现”的新媒体运营方式，我们从内容策划、产品选择、内容制作与传播、营销转化几个环节来分析下它的优势。

内容策划

“京东发现”推送的内容简单有趣，一目了然，有利于用户转化。如，一篇文章的标题是“初中生都了解的黑科技，你怎么会一无所知”。中文开头就说“如果你只知道用手机追剧，那就是‘00后’里的老爷爷”，其语言犀利，而且符合青少年的好奇心理，于是获得很高的点击量。进入正文后，你会发现标题中所说的黑科技是一款观影神器，你可以随时带上它，获得看大屏幕电影的体验，并且再也无需购买电影票、去电影院看电影了。文章中植入的该款家用型投影仪，因为支持手机扫码付款，取得了很好的转化效果。

产品选择

“京东发现”上所选择的产品都是京东上的精品，而且具备毛利润高、内容性强、曝光率低、高相关性等特点。产品大多数是京东自主经营的，可以自定价，自然会有很高的毛利润。京东达人推送的文章在“京东发现”上有很大的比重，且跟产品有很大的关联性。此外，京东达人原本就是用户，描绘的故事大多来自自己身边的亲朋好友，因此具有真实性，这就保证了作品有很强的感染力。再加上京东推送的产品大多是高品质的爆款产品，在竞争中更具优势。

内容制作与传播

“京东发现”严格遵守内容制作和传播的要求。例如，情绪、故事、价值和关联都要在内容中有所体现。《为什么有的人喝水也长胖》一文，开篇先分析人长胖的原因，然后指出节食不利于健康的原因——因为人体没有食物，新陈代谢就会降低，所以不要以为只喝水就能控制住体重。最后文章推出了一些可以提高人体新陈代谢的食物，并标注了这些食物所含的热量。这篇文章让许多减肥者恍然大悟，并决定购买创作者推荐的食物。据统计，该文章的阅读量超过 5 万，带来了很高的转化率。

销售转化

“京东发现”上的大多数文章都是由京东达人创作的，因此既有真实性，还有多样性。此外，“京东发现”上的产品是京东供应的，可保证供货的数量，有利于销售转化。再加上京东采用大数据技术，可以保证新媒体营销更加精准，能快速提升成功率。

6. 广告的变现方式

无论是纸媒时代，还是新媒体时代，广告都是传媒领域最常用的表现手段，而且效果非常好。正是因为这一点，广告也是新媒体运用者经常用的一种变现方式。例如，在一些视频网站的广告平台上，就经常植入品牌促销、新品发布等广告。此外，一些意见领袖的评价也可以成为软广告，这都能为运营者带来收入。

新媒体运营者发送广告的领域有两种，一种是泛娱乐领域，一种是垂直领域。下面我们一起来看看，这两个领域如何实现变现。

泛娱乐领域

在泛娱乐领域，广告的形式包括：网络电影、PGC 内容、网络剧、影视 IP、网络综艺，等等。当下，一些影视 IP 有庞大的粉丝群，而且影响力巨大。如果新媒体运营者能把产品和这些 IP 进行融合，就能吸引大量的粉丝，因此许多新媒体运营者都去做相对应的广告。

提起目前比较火的语言类节目，许多年轻人马上就会想到某脱口秀，其打造内容的方式是让一些网红达人分组辩论。这些选手语言犀利，造型很有喜感，所辩论的内容也总能让观众感同身受，所邀请的嘉宾也深受青年人喜爱，并支持让这些嘉宾带队进行辩论。

节目播出以后，收视率极高，许多企业马上联系节目组进行合作。据悉，这个节目第一期播出前就获得了5000多万元的冠名费。有了资金以后，节目组邀请的嘉宾更具影响力，使节目更具吸引力。据统计，第一期视频的点击量已经远超3亿，同时也为合作的商家带来了巨大的收益。现在许多企业都愿意找知名度高的电视节目合作，借助广告变现的方式，获得可观的收益。

企业借助知名的综艺节目进行广告投放，自身产品的曝光率必然会得到极大的提升。案例中的冠名企业之所以会选择比较出名的综艺节目进行合作，一是这些节目的影响力大，二是粉丝大多是“80后”、“90后”，这是互联网上的消费主力。但是想让他们购买产品，商家推送的内容没有吸引力是绝对不行的。试想，以往的一些广告模式，就是在节目开始前说：“本节目由 ×× 公司独家赞助。”这样的广告方式，只会让观众认为这家公司很有实力，实际上却没有实现产品宣传的目的。而如果采用短视频的方式展示产品，很可能会引起观众的注意，更有利于产品的销售。

垂直领域

许多新媒体运营者更愿意在垂直领域进行广告投放，认为目标用户比较集中。例如，财经、亲子、军事、艺术、户外、母婴，等等。在这些领域投放广告，运营者能充分发挥自己的专业知识，取得的转化效果也更好。

北京有一家公司推出了一季原创母婴类节目，所推送的内容包括亲子教育等。例如，有一期推出的话题是“宝妈们该选择哪一种红糖”，节目中详细讲述了红糖的种类，并指明哪一种才是最适合宝妈们吃的红糖。最后植入一款由古方研制出的红糖，并介绍了可以进行搭配的食物。节目播出后还不到一周的时间，就为该公司带来了20万元的收入。

宝妈的健康是孩子茁壮成长的基础，尤其是处于哺乳期的宝妈。北京这家公司把广告的着力点放在了宝妈的营养品选择上。许多人都知道红糖、鸡蛋、小米等食物对宝妈调整气血很有帮助。尤其是红糖，物美价廉，营养丰富，在广大用户心中有极高的认可度。但是当今市面上的一些红糖制作工艺落后，无法实现该有的效果。这家公司推出由古方研制出的红糖，能够解决广大用户的痛点问题。因此获得了用户们的好感，从而销售出大量的产品。

新媒体运营者如果想通过广告变现，就应该注重内容的专业性和新颖性，并能找到可解决用户痛点问题的产品或方法，这样实现变现就不那么难了。

此外，人们早在传统媒体时代，就对广告形成了一种思维定式。如，能吸引用户的广告应该是简短而精彩的，所以新媒体运营者不仅应该重视广告的内容，还应该注重传播的方式。这样才能借助广告来宣传自己的品牌或产品，从而实现公司的推广目标。

7. 版权变现

以往提起版权，人们会想起一本书的著作权。现在版权的概念已经扩大化了，不只是学术创作，还包括发明创作、艺术设计、品牌独特的名字，等等。只要是跟创意有关的事情，都可以拥有知识产权。

新媒体运营者如果想通过版权变现，大多会采用买断版权的方式。当下，我国的几家大型视频网站都采用买断版权的方法完成变现。此外，还会把版权和超级 IP 进行融合，从而扩大影响力，快速提高收入。例如，腾讯体育、优酷视频等公司都愿意用买断版权的方式来增加收入。

电影《再见美人鱼》的版权被腾讯视频买断了。播出后，首日的点击率就达到了 5000 万。商家采用“免费试看 6 分钟，看全集付费”的营销方式。腾讯买断版权后，马上利用自己的播放渠道推荐内容，加大了流量的覆盖面，这是能够快速变现的关键点。

运营者一旦买断了产品的版权，该产品在市场上的曝光率就会降低，市场竞争力就会减弱。此外，观众短时间看不到对这部影片的直接评价，就不会马上拒绝观赏影片，这为版权变现提供了可能性。腾讯视频得到《再见美人鱼》的版权后，通过自己的宣传渠道进行推广，不仅能够避开竞争带来的不利因素，还能得到更多的影迷。免费试看的方式是许多新媒体公司都采用的，对用户的消费能起到引导的作用。用户只要点击付费观看，运营者就完成了销售任务。

像案例中的营销方式还有很多。例如，印度电影《巴霍巴利王》分上下两部。腾讯买断版权后，免费播放了上部。原来该电影的叙事方法为倒叙，第一部留下了巨大悬念，观众如果不看第二部就难以想象。再加上，第一部剧情紧凑，情节扣人心弦，主人公高大勇猛，个性受观众喜欢，观众们急切地想看到下一部，所以愿意付费观看。

可见，新媒体运营者如果能够通过买断版权的方式，获得极具吸引力的内容，实现变现是十分容易的事情。但是这种吸引力最好来自内容的本身，而不是明星的影响力，否则久而久之会让用户失去兴趣。此外，运营者还要注重内容的推广时机，若是遇到强劲的竞争对手，很可能带来巨大的损失。例如，你买断版权的电影跟《美国队长》同时上映，相信许多影迷都会选择《美国队长》。这时候你的用户就被分流了，得到的收益可能还没有买断版权的花费多。因此，尽量去选择没有竞争对手的版权。

腾讯曾出资30亿买断NBA在我国的网络转播权。简言之，其他网络公司如果播放了NBA赛事，就是侵权行为。这种买断方式可以避免体育赛事、综艺节目可能遭遇的随意转播问题。

此外，购买体育赛事的转播权，能给观看用户的选择空间也大。NBA 每天有很多场比赛，用户可以看到自己最喜欢的明星。例如，你最喜欢的球星是詹姆斯，可以按照比赛的时间选择免费观看，也可以选择付费观看。因为有些热门赛事是收费的，但是费用不高。

此外，腾讯在播放篮球节目时，会安排主持人和球迷互动。如，派送礼物、有奖问答、产品推荐等。球迷给主持人赠送的虚拟礼物可以变现，推出的运动装备也可以变现。多样化的传播方式，也使得腾讯的流量不断增加。再加上，篮球是许多人喜爱的一项运动，参与者很多，观看者也很多。腾讯买断 NBA 的网络转播权，有巨大的流量优势，获得的利益也远远超出买断版权付出的成本。

当然，像腾讯这样有实力的新媒体运营者不多，所以在选择版权变现的时候要谨慎。如果自己有创新内容的能力，可以选择先跟其他新媒体运营商合作，这样可以降低买断版权带来的风险。

8. 内容付费变现

内容付费是最为常见的变现方式了，大家在许多新媒体平台上都能看到这种模式。简言之，用户需要付费才能浏览自己要看的内容。例如，一些要付费看的网络小说，需要用虚拟货币才能下载的文章，等等。还有一些新媒体运营者采用先推出优质内容、热门话题的方式来吸引粉丝，当粉丝有了一定的规模，或者内容的点击量已经达到预期目标后，运营者再推出会员制度，只有那些付费会员才能看之后的视频。

王先生在喜马拉雅 FM 的“付费专区”中推出付费口才课“男人这样说话，才更受欢迎”。内容包括男士在职场上、家庭生活中的沟通技巧。课程推出的当天，用户的点击率就超过了 200 万。

积累了一定的粉丝后，王先生针对职场人士的痛点问题，推出视频《申请加薪的 8 大技巧》，收视率远远超过“男人这样说话，才更受欢迎”。

国庆节期间，王先生推出的视频在新浪微博、QQ、微信等平台上播放，获得了上千万的点击量，取得了巨大的收益。

王先生说："能让用户为自己的视频付费，就在于视频内容让他们看到了价值。"像王先生这种靠内容变现的人还有很多。例如，一些教育机构通过推出远程教育课程实现变现，就是内容对用户有价值。王先生推出的口才课，可以让用户应对诸多的场合。如，求职面试、亲子教育、与朋友沟通，等等。

用户想要获得完整的内容，可以采用加入会员或付费等方式。内容运营者有了资金注入后，会选择更多精彩的内容来回馈用户。

此外，在一些以直播为主的新媒体平台上，也可以把用户提供的虚拟礼物拿来变现。

想通过直播来表现个人风格的新媒体运营者，必须多才多艺，还要有特色，这才有可能吸引用户。例如，腾讯体育某栏目的主播娜娜，语言积极向上，性格大方，知识储备也很全面，是许多年轻球迷心中的偶像，每次观看她的直播，用户都会积极点赞。

当下，是内容付费的高速发展阶段。如，网络小说、电影、电视、网络直播等，都能让用户付费。但是有一种现象对内容付费的发展形成了阻碍，如一些内容运营者模仿他人的语言风格、写作手法等，产生了大量的同质化内容，引起了用户的审美疲劳，进而影响内容的销售。

要想避免被同质化产品埋没的危险，运营者有两个办法可以采用，一是寻找用户愿意为之付费的题材，二是把相同题材的内容做到与众不同。例如，同样是讲述亲子教育的内容，著名教育家卢勤推出的视频《智慧园地》受到了许多家长的欢迎。此外，内容的展示方式对运营者来说十分重要。如，动画片《小猪佩奇》能风靡全球，就是因为用动画片的方式讲述家庭生活，所以家长愿意购买相关产品。

新媒体运营者想要更好地完成内容变现，除了要充分了解用户的喜好之外，还要明确他消费的重点在哪里。如，有人愿意看小说，但只局限于悬疑这一类。运营者推荐内容时，就要少推荐情感类小说。依靠如此精准的推送，运营者想要靠内容实现变现也就不难了。

9. 程先生的自媒体为何年入百万

程先生在北京的一家传媒公司工作多年。有一天辞职离京，在东莞的一个森林公园里买了房子，打造了一个自媒体。在生活和收入方面，远比以前更符合自己的心意。

他说："我一点儿也不后悔离开原单位。现在我每天的生活是睡到自然醒，然后去跑步或者爬山。回来后，看一些经典的书目。有时会跟父母一起看《新闻联播》、电视剧、天气预报等。以前大量的时间在工作，和亲朋好友欢聚的时间有限。而现在每天工作 3 个小时就够了，有大量的时间去做自己喜欢的事情。我的主要收入有两个来源，一个是在某媒体公司做品牌顾问，二就是广告收入。一年下来，也可以超过百万，不比在大公司的收入低。"

但是程先生也说出了做自媒体的一个弊病，就是收入不稳定，有时一个月都没有一个广告。要想解决这一问题，他采用了培养优质用户的方法。他的用户主要来自微信公众号，粉丝接近 6 万人，不少于一些杂志的用户。此外，他的用户大多是自身领域内的精英。程先生制作完内容后，马上就向用户推荐。输出的信息量是以前在媒体公司的十几倍，但是收入只是以前的 3 倍。可以看出，新媒体具备信息量大又廉价的优势，以后会更加受用户们的欢迎。

业内人士都说程先生“贬值”了。他说：“是否贬值，不在于别人怎么看，而在于是否符合自己心愿。此外，还要看有没有站在事物发展的趋势上。当你在自由的环境下去创作一些内容并能看到它光明的前景时，这比在一家公司被别人限制住思想，要好得多。此外，我发现许多人都喜欢追求成功，却忽视卓越。事实却是，你卓越了，成功自然会水到渠成。”

程先生之所以能够成功，一是得益于在传媒公司的历练，让他积累了大量的工作经验。二是所做的一切，符合新媒体时代内容为王的价值导向。例如，他输出的信息量比在传媒公司多了很多倍，但是收入却提升得不多。三是经营理念正符合如今商界对卓越精神的追求。

关于卓越和成功的关系，程先生阐述得非常明确——卓越后，成功接踵而至。只是怎么做才能卓越呢？他说：“卓越的前提是自由。例如，你在一个框架内工作，所谓成功，只是符合了上司的要求，你的创意则完全不明显。”

可见，卓越的概念不是在同事面前做到出众，而是要在众人面前拿出与众不同又十分优秀的作品来。试想，程先生的广告可以年入百万，必然会有与众不同之处。同时，也为我们利用新媒体传播和变现指明了一个方向。

例如，同样的内容，你可以靠更多的信息量去提升它的价值，这样有利于变现。但是真正能够带来巨大价值的是创意及把创意物化的能力。

像程先生这样由媒体人转战自媒体的例子很多，做到成功的大多数人跟程先生的理念一致。例如，“罗辑思维”讲述的内容包括多个领域，且有自己独到的见解，这样才能成功。所以想要借助新媒体成功的人，更要注重内容的质量，它是决定自身影响力的关键。

第七章

如何利用各类新媒体平台

1. 微博的价值不只是吸引粉丝

微博刚出现的时候，许多人把它当做一种很特殊的博客，完全没有想到它能对传统媒体产生巨大的冲击。随后，它让其他一些传统产业找到了新的营销方式。微博能够成为传统企业在新媒体运营方面的重要平台，首先取决于自身的特点。

第一，在诸多新媒体平台里，微博发布信息是比较快捷的，可以为运营者节省更多的时间。

第二，微博采用了多媒体技术，可以采用图片、视频、文字、音频等形式来发布内容。

第三，微博的内容就算再复杂，运营者都能一键转发，这样的操作方式能让微博在短时间内获得很大的转发量。

第四，微博依靠粉丝来扩散信息，能够产生裂变式传播效果。

微博因为有以上几大特点，被广大企业作为外宣窗口。不仅能节约宣传成本，还能提升传播力度。另外，微博还有良好的互动性，非常适合企业做营销平台。微博作为一款社交软件，可以把新媒体运营者和粉丝们紧密联系在一起，让营销活动变得更精准，更加符合目标用户的要求。

因此，微博营销在新媒体运营中占据重要的地位。

许多媒体人把微博当成增长粉丝的工具，其实微博在企业运营中的价值远不止如此，还包括其他一些方面。

市场调研

微博在营销领域被广泛运用实属正常，它原本是类似于推特的社交软件，用户可以用它跟其他网友深入交流。

新媒体运营者可以利用它的互动性来进行市场调研。这远比传统的街头走访和问卷调查省时、省力，而且调查的发起者不再是营销人员，可以是运营者或产品设计师。提出的问题也对制定规划更有帮助。

再从对用户数据的采集上看，微博获取的信息量远远超出传统的市场调查，形成可行性市场调查报告也更加容易。

塑造品牌

新媒体平台日益成为人们获取信息的主要渠道，因此许多用户用企业的媒体形象来衡量它的品牌形象。企业的官方微博，就是它的人格化写照。成功的新媒体运营者会把微博视为工作上不可或缺的朋友，可以确保用户对企业的品牌印象不断加深。

广告宣传

智能手机的普及让人们形成了随时查看社交媒体上消息的习惯，这使得微博上信息的曝光率远远超出传统媒体。企业用户和潜在用户在官方微博上看到广告的几率远比一些搜索引擎要高，这可以提高广告的宣传力度。

用户服务

以往，用户通过电话向企业进行反馈，如今把意见写在商家的微博评论栏里就行。如此一来，微博就成了企业用来提供服务的平台。运营者能够马上发现用户的不满，及时反馈，以免用户因情绪化产生的不良影响。这种及时处理反馈，可以提高用户的满意度。

化解危机

新媒体时代，企业面对的舆论环境十分复杂，有时一个很小的纰漏，就会让企业名誉扫地。以往，企业遭遇诽谤等事件，会在电视台、报社辟谣，费时费力。现在这种方式在人人都是自媒体的今天就行不通了，企业可以借用官方微博来辟谣，这是现在企业需要学会的方法。

微博出现很早，是新媒体运营者的重要工具，可谓特点符合时代发展。我们再来看同时期出现的贴吧等，已经很少有人浏览了。为此，运营者要不断研究微博的价值，以期给企业带来更大的助力。

2. 微博运营的几大误区

运营者在运营微博的时候，要尽力做到谨言慎行。因为一旦步入误区，策划好的内容也会受到影响，那岂不是前功尽弃了？下面我们就来看看，那些经常出现在微博运营上的误区。

只用微博营销

一些新媒体运营者只采用微博进行营销，这在当下是不行的。如，很多人只玩微信，不玩微博，他就无法了解你的信息。还有一些人只逛淘宝，不玩微博。运营者如果只用这一个渠道，许多非微博用户就无法看到信息，那些极有可能成为用户的潜在客户也会被竞争者挖走。

面对上述情况，运营者可以采取以下方法：在其他媒体平台发布带有能链接微博的图片；与其他媒体平台联合推出线上活动；借助第三方登录的方式，在其他媒体平台上分享微博内容。

信息展示碎片化

在微博上发布文章，即使是一些很细小的观点，都能引起正方两方的激烈讨论。但是在其他平台上，这种现象就相对少一些。如，很少有人在微信上争论不休。究其原因，就在于微博上的信息呈碎片化，普通用户只能发140个字的内容，会员用户才能发长文章。大多数用户无法用经过深思熟虑的长文章去表达心情，只能靠短平快的语言去表达情绪。要是运营者发布的信息不完整，有些用户就会断章取义。

运营者在微博上推荐产品，使用的也大多是碎片化语言。运营者跟用户可以像朋友一样聊天，但是很难一一回复用户提出的问题。而微博用户不愿意去搜索你已经给出的解释，总是希望运营者马上再给答案。运营者在与用户的沟通过程中，会越来越没耐心，甚至连工作都变得消极。

运营者要想改变与用户的沟通方式，可采用以下策略：利用流程图，可以展示出完整的营销信息；利用视频，可以给用户全方位的产品展示；当用户出现误解时，及时解释；碎片化内容和长内容相结合。

对内容不用心

有些运营者看一些自媒体大号简短几句话就能被粉丝转发，于是自己写微博文章时便不在乎文章质量，也不考虑用户反馈，而是把更多时间用来跟用户聊天互动。尽管社交是新媒体运营者必须要注意的，但是必须清楚用户真正想要的是什么。他们更在乎的是优质内容，他们选择与你交谈，是希望你帮他解决问题的。因此运营者要记住，你在微博上发布的优质内容才是核心竞争力，千万不要把时间白白浪费在聊天互动上。

一位音乐教师在微博上发布文章《音乐的力量有多大》，讲述了几个跟音乐有关的故事。如，林肯乐队的主唱有严重的心理障碍，但是他用音乐抚平了往事给自己留下的创伤，并鼓励他人热爱生活；一位在非洲工作的司机，听到那首《恋曲1990》，就会泪流满面地说，那是他母亲生前最喜欢的音乐；一位英国的狙击手没有对正在唱歌的德国士兵扣动扳机；在瑞典，有位设计师把楼梯设计成钢琴琴键的样子，行人走上去还能发出乐音，此后走楼梯的人远超坐电梯的人……

文章最后植入广告，标题为《如何从靠谱弹唱到即兴演奏》，详细课程只要扫描下方二维码，就能马上了解。

因为文章写得很感人，得到了很高的用户转化率。

微博发文章讲求贵精不贵多，最重要的是内容要有价值，且能带动用户的情感。案例中的故事和产品正是符合了用户的心理需求，运营者才有了极高的用户转化率。

所以微博运营者一定要用心写内容，哪怕是只有几句话的短内容，也要认真去写，这样才能引起用户的共鸣，也能得到忠实粉丝的追随。

要想做到这一点，可采用以下策略：在发微博前，先想好一个能调动用户兴趣的创意。此后做出的内容，可通过互动来提升用户的活跃度；哪怕是写很短的文章，也要把该交代的问题写清楚。如果做不到，也要保证重要信息不可有遗漏，以免被用户断章取义；不要用错标点符号，也不能错字连篇，让用户觉得你文化水品很低，否则必然影响他的购物热情；发帖的语气不能高高在上，以免引起大众的反感。

发帖就是结束

许多运营者认为发帖就是完成任务，这就好比应付差事。别人都挖空心思去想，尚不知能带来多大影响力，应付就更不可取了，这就等于做无用功。此外，有人提到坚持二字，却缺了认真二字。坚持并不能提升微博的活跃度。例如，有些运营者每天发几张美颜照片，转一篇鸡汤文，这样的帖子跟自己要推广的产品和服务毫无关系。

运营者每天都要发帖，这是最基本的要求，但是必须有相应的文章与之相配。此外，当网友转发了你的微博或做了精彩的点评，你应该跟对方进行互动，此时与对方的深入交谈，才有可能调动他购买产品的热情。

新媒体运用者要兼顾运营的每一个环节，切不可发完帖子就万事大吉了。如此一来，用户的谈论热情下降，很可能不再看你的微博。

我们来看看，可应对的策略有哪些：当帖子被用户冷落的时候，要主动向用户询问有哪些不足之处，并进行讨论，这样可以引起大家的注意力；对用户的精彩评论，运营者要给予感谢，并转发，这样可以增加自己文章的点击量；微博的运营人员应该按照时段进行分工，以保证随时能与用户互动，这样可以提升用户的活跃度。

只重流量，不重实际效果

这种现象在微博运营中负面作用很大。许多运营者还怀着流量为王的理念在运营，不问创作的过程，无视营销的手段，只注重表面的数据。一旦数据来自于特殊情况，再按照此数据做规划，必然会造成损失。

那些优秀的新媒体运营团队，会通过衡量评论数、点赞数、转发数及粉丝增长数等，来看微博的价值，这样才能得出一个客观的评价。例如，许多点击量高的用户是由“水军”刷出来的，还有一些粉丝只是路过点个赞就过去了。这时运营者要是沾沾自喜，就很难得到真实的粉丝。

此外，还有一些自媒体运营者，故意在微博上制造一些争论性很强的话题，引发用户激烈争辩。这种靠煽动用户情绪的做法，虽然可以快速吸引用户，还能成为热门话题，但是跟微博内文的主题毫无关系，并有可能引起微博平台的浮躁之气。

可以应对的策略有：不要只看粉丝数，要看里面有多少忠实粉丝，定期清除“水军”等；不要用挑衅的方式在微博上制造矛盾，如果事态严重，会失去很多用户，更有可能触犯法律；用多种渠道去寻找粉丝，以此获得更多的关注量；提高帖子的质量，让用户对品牌有更加深入的认识。

微博运营者切记，微博的功能很强大，但是只靠它还不能做到面面俱到，这也不符合新媒体的运营理念。新媒体运营者希望信息畅通无阻，同时没有传播死角，这样才能获得更多的机遇。

以上就是微博营销时常见的误区，运营者想要全部记住，确实很难，但是用户的核心要求不可违背，这样才有可能符合用户的需求。

3. 官方微博的范本——海尔

海尔针对某一话题发微博称："我还真没有好好算过在车间工人 3 年工资还买不来一台冰箱的 1985 年，张瑞敏砸的 76 台冰箱对当初几乎发不出工资的海尔意味着什么。但我知道现在身为官博君的我为什么买不起房了。"

此贴一出，许多用户跟帖说自己买不起房子的原因。正是在此类文章的推动下，海尔积累了几十万粉丝。它的官方微博被网友们称为"八十万蓝 V 总教头"，海尔新媒体运营团队接受了这个绰号，并以典范式的传播方式来运营微博。

我们先来看，海尔在重大节日期间是如何做好宣传的。2018 年春节，海尔在微博里写道："你还在群发新年消息吗？太麻烦了，海尔教你拜年新姿势。"正文的右下角有网页链接，网友点开可以看到海尔的拜年方式。

在产品方面，海尔微博回答用户问题时，说话诙谐幽默，而且实用性极强。如，有用户询问空调在夏天的使用方法。海尔的相关负责人说："夏天不要把空调的温度调得过低，26 度左右比较好。风量设在中低档，让导风板向上吹，不可对人直吹。我厂的天樽空调可吹出不凉不热的风，细而不腻，暖而不燥；舒适风空调，给你夏日晚风般的感觉。使用海尔空调，远离空调病。”

解答后面，还有“自清洁再也不污”的话题标签，可以引起用户的讨论。

还有一些节日表面看起来跟海尔关联度不是很大，但海尔也没有遗漏。如国际护士节，海尔号召粉丝向白衣天使表示感谢。“海尔医疗”是海尔的一个微博小号，它转发了海尔微博大号为护士祝福的文章，为海尔的新媒体运营带来了很多流量。

所有新媒体运营者都十分重视母亲节，并把这一天作为歌颂亲情、弘扬孝道的好机会。例如，在微博上发布跟母亲节有关的话题，海尔也不例外。除了号召海外游子给母亲打电话，还组织转发抽奖活动，奖品是精美的项链等。

我们来看看，海尔对母亲节的祝词：“我希望妈妈不再这么辛苦，我希望妈妈发达。”

这样诙谐的语言需要很优秀的新媒体运营者才能想出来，还很符合中国美学对哀而不伤的要求。母亲是辛苦的，但是人们已经不愿意看到催泪的表达方式了，而是希望借用一句话来让母亲高兴。海尔的微博被转发，正是以熟知用户心理为前提。

海尔在结合热点的过程中，塑造了一个诙谐、平易、热情、专业的人格形象，许多用户将其视为好友。京东、阿里巴巴的官方微博与其兄弟相称。正因如此，海尔官微才有“八十万蓝V总教头”的称号，并不断推出让业内称赞的内容。

4. 如何使用微信

新媒体运营者进行内容运行的主要工具除了微博、企业自主运营的 App 外，还有就是微信。微信最大的优势就是用户众多，运营者和用户沟通不受时空的限制。例如，运营者可以按照用户的需求，随时随地推荐自己的产品，用户可通过查阅微信，来了解自己想看的信息。

尤其是现在，微信已经不再是简单的社交工具，而是连接人与人、人与服务、人与商业的一个入口，拥有着最大的流量。其中最重要的新媒体运营平台就是微信小店和微信商城，二者对所有用户持开放态度，可为商家的营销提供巨大的助力。下面我们就来看看如何利用微信小店和微信商城。

微信小店

新媒体运营者想要在微信上取得良好的运营效果，开通微信小店十分必要。它在投资上几乎是零门槛，操作十分简单。运营者开通服务号以后，先进行微信认证。认证成功后，开通微信支付，这样就能看到申请入口了。待申请通过后，运营者就可以使用微信小店了。

运营者在操作的过程中，按照系统的提示一步步进行，就能够完成申请。

微信商城

微信商城有两种：一种是已经开通微信支付的，一种是没有开通微信支付的。其最大的优势就是拥有快捷的支付功能，运营者和用户可以在线互动，能及时把内容或产品推送给用户，从而实现电商功能。

已开通微信支付功能的微信商城需交纳2万元的保障金，还要通过服务号认证，经营的产品只能在微信规定的种类中。没有支付功能的商城操作起来很简单，通过认证后，在菜单栏里嵌入WAP网站，就能应用。

“美丽说”是较早开通微信商城的新媒体运营者，并开通了微信支付的渠道。用户通过微信中的个人钱包，就能进入“美丽说”的购物平台。其版面设计很精美，而且每个版块的作用一目了然。如，超值折扣、至潮搭配、御寒专场、热销榜单，等等。用户可以根据自己的购物需求去挑选产品，平台支持一键下单。

“美丽说”开通微信商城后，就可以借助数以亿计微信用户的力量去提高自己的知名度，还可以借助用户流量获得丰厚的利润。现在使用微信商城的商家很多，可见微信商城对新媒体运营很有帮助。

运营者只了解微信上的商务平台，还不足以玩转微信，还需知道微信公众号的类型。如，微信公众号分为订阅号和服务号两种。要是运营者的订阅号有一定规模的粉丝群，可将其提升为服务号。服务号可采用自定义菜单，用户用邮箱就可以登录。订阅号的消息会被收进文件夹，服务号的消息会显示在消息列表中。二者的属性不同，运营者可根据公众号的类型去推送适合的内容。

许多运营者为了增强营销效果，开通微信商城、微信小店，且采用双号或多号的营销策略。所谓多号，就是在双号的基础上，开通多个更有针对性的微信公众号。运营者可按照自身的需要去使用微信，切记不可贪大求全，导致无法驾驭。

5. 怎么打造微信上的个人形象

新媒体运营者在微信上打造个人形象，昵称、个性签名、头像等都需要精心策划，这样粉丝才能记住你。现在我们来看看，运营者在上述方面所采用的技巧。

昵称

昵称就是运营者在微信上的名字，许多用户会因为你的名字记住你，这对产品营销来说帮助巨大。因此运营者在设计昵称时要遵守一些原则，并掌握一些技巧。

1. 原则

昵称的字数不要过长，通常不要超过 7 个字。因为如果昵称过长，用户可能记不住，会严重影响你的关注度。昵称也可以体现自身的价值。如，千寻服饰、奔驰汽修、浩海健身，等等。用户会根据你的昵称，询问产品和服务，这样有利于运营者精准营销。昵称中也可以体现具体的服务内容，从中可以看出定位。如，“一线教学”，顾名思义，就是在职教师授课，这样的昵称既简洁又具有说服力。

以上几大原则中，有人会认为在昵称中体现具体服务很难，其实则不然。

墨点教育咨询有限公司是一家致力于书法教育的公司。它可以根据学生的个人基础、经济承受力等，推荐学习计划和可选择的院校。此外，它还会帮学生寻找优秀的教师，改进在学习技巧方面的不足。

公司自成立到现在，为许多学生提供了满意的服务。很多学员在朋友圈推荐该公司，给公司带来了更多用户。

该公司在昵称中就交代了自己服务的内容是教育和咨询。再加上昵称中的“墨点”二字，用户很容易联想到它的方向是书法。这种方法新媒体运营商也可以借鉴，有利于吸引用户。

2. 技巧

运营者在设计签名时，可按照“姓名 + 行业 + 产品”的顺序来命名。例如，“晓燕美容胶囊”，人们看到后，马上就能知道你经营的产品是什么。此外，客户知道了你的姓名，有利于彼此沟通。运营者还可以通过关键词来突显行业的特点，如“蓦然烫染店”，大家看到“蓦然”二字，就会想到“蓦然回首”这个跟“美”有些关联的词。随后的关键词“烫染”更是交代了服务的具体内容，用户就会很愿意了解这样的公众号。

这就是温馨设计昵称的原则和技巧，运营商可以根据自己的特点灵活运用，用来提升自己的知名度。

个性签名

微信上的个性签名可以彰显产品的性能或运营者的个

性，新媒体运营者设计它时不可掉以轻心。特点突出的个性签名，可以提高商家被搜索的概率，并能提升用户对你的好感。我们来看看设计个性签名所需注意的规则：

1. 带动情感

当下，许多人购物的原因是出于情感，所以运营者在设计签名时，不要忽略情感。例如，一些企业有经营理念，则完全可以用个性签名去反映。例如，耐克公司有一个个性签名叫“Just do it”，该短语的字面意思是想做就做，正符合运动者超越自我的选择。此外，英语具有多义性，不同的人有不同的理解，这就拓宽了个性签名的适用性。

情感带动的方式还有许多。例如，借助一些热词或热门歌曲中的句子去带动人的情绪。简言之，你的个性签名要么能说出产品特征，要么能彰显自己的人格魅力，这样才能对用户产生带动性。

2. 定期更换

新媒体运营者经营的产品会有所改变，因此个性签名也要随之变动，否则无法说出产品的特点。如果遇到一些特殊节日，个性签名也应该更改。例如，有一年母亲节，一家美妆电商的个性签名为“天之大，唯有你的爱是完美无瑕”，许多用户看到签名后，深有同感，于是和这家美妆电商沟通，看是否有合适的赠送给母亲的产品，并下单购买。

3. 注意认可度

有些新媒体运营者认为签名有吸引力最重要，但吸引力不等于认可度。例如，一位健身教练的个性签名是“彪悍的人生不解释”，这就让有些人只想看他到底是怎么彪悍，而忽视了他推送的课程。也就是说，这种签名没给他带来认可度。因此，运营者一定要重视签名的认可度。

头像设置

与昵称和签名相比，头像是用户最先看到的形象，头像主要有 3 种：个人肖像、图案和文字。先从醒目性上看，当然是个人肖像最为醒目，其次是图案，最后是文字。但是经过处理的图案有可能比头像还醒目。如，耐克的标志。在头像上我们可以通过修饰边缘线、强调结构线等方式，让头像更具冲击力。图案的处理可通过色调的对比，使其更加醒目。

以上是从醒目性上谈头像的设计，下面我们再从营销的角度来看，如何设置头像。

一是用商标做头像，这种方法适用于品牌商。他们完全可以用商标做自己的头像，而且有很多商标本身就十分醒目，且众人皆知。例如，宝马汽车的商标。对方看到后，马上就能知道你经营的产品是什么。

二是有些运营者会用文字做头像。如，一个字母，或者汉字。尽管它的说明性不强，但是非常简洁，反而更容易引起他人的注意。

例如，华晨中华汽车的商标就是一个古朴的“中”字。它的代销商把自己头像设计为一样的“中”字，大家马上就能猜出他经营的产品。还有用英文缩写的头像。例如，雷克萨斯的商标就是一个大写的 L。商家若是用这个字母做头像，大家也能立刻猜出他经营的汽车品牌。

三是根据用户选择头像。有些运营商会根据用户去选择头像。例如，你是一位玩具经销商，可选择动漫人物做头像。如，蜘蛛侠、钢铁侠等。

运营者在微信上打造个人形象的方法还有很多，但是把上述原则和技巧掌握好、运用好，就可以给用户留下很良好的印象。好的印象是用户与你合作的前提，因此运营者不可忽视。

6. 微信运营的技巧

微信有巨大的用户流量，使它成为许多商家进行营销的窗口，可是一些商家却收获甚微。究其原因，主要就是不了解微信运营的技巧，所以无法与同行竞争。现在我们就来看看，微信的运营技巧。

制作价值独特的内容

许多新媒体运营商创作内容时，只考虑价值，却忽视内容的独特性，这是不行的。因为能阐述价值的文章太多了，在微信公众号上很难脱颖而出。不能引起他人的注意，想要广泛传播就很难了。

增强内容的互动性

在微信公众号上，运营者更应该发起一些互动活动，因为微信最初是社交平台，用户习惯于互动。如果运营者不愿组织活动，可以推出一些小测试，调动用户的积极性，这样就能拉近自己和用户之间的距离。

此外，运营者还可以把互动信息和推送的内容相结合。例如，电视剧《都挺好》热播期间，相关的话题营销很多。如，“苏大强为什么要买房子”这一话题就有很强的讨论性，而且大家的见解不同，会引起更多的人参与。

可以激发用户好奇心

微信上的文章很多，运营者想引起用户的注意，且使其读完文章，就要想方设法调动用户的好奇心。最有效的办法就是在文章开头上下功夫。

某一微信公众号上发布了一篇文章《谁才是千古美食家》，标题就很有新意，能调动用户的好奇心。大家会想这些古代美食家会有谁呢？点开一看，是伊尹、李白、苏轼等，而且借用他们的诗句或故事来讲解饮食文化。如，用“葡萄美酒夜光杯”这句古诗来讲述饮酒时杯具的选择，给用户耳目一新的感觉，带动了用户读完全文。

大多数美食运营商会讲述菜肴的制作方法，这样的内容在网上非常多，并且没有统一的标准，甚至说法不一，很难引起用户的好奇心，但是用诗文做切入点，效果就完全不同了。如，李白、苏轼的许多诗句都可以用来解读饮食文化。案例中用“葡萄美酒夜光杯”来讲述夜光杯的历史，远比单纯介绍酒及其饮用器具的作用有吸引力，因此，运营者不要忽略用户的好奇心。

内容的制作工序

内容的主要作用在于导购，所以需要合理的制作工序，如，先让用户看到你的商品，然后青睐你的商品，最后购买你的商品。因为当下人们的生活节奏很快，很少有人会耐心读完全部推文。运营者为了让用户对产品有一个全面了解，可在文章的第一段就介绍产品的所有要点。

用户第一感觉认为值得一看，才会继续阅读你的文章。在后续的段落里，你可以把产品的功能详细地介绍给用户，使用户青睐你的产品。文章的结尾要强调产品的卖点、价格优势，等等，激发用户的购买欲望。

形式的多样性

微信上展示内容的方式主要有：图文、视频和纯文字3种。就当下用户的阅读习惯来看，不建议运营者使用纯文字的形式，它的吸引力比较差，说服力也不及图文和视频。三者中，吸引力最强的是视频，不仅蕴含的信息量大，还能给用户综合视听体验，对产品销售有很大的帮助。

此外，微信朋友圈只能向用户展示6行文字，创作者必须控制文章的篇幅，所以最好用3行就能突出重点，这样吸引用户后，他才会选择继续阅读。因为人们很少看有折叠的文字，所以如果内容过长，运营者应做好提炼，让人一目了然最好。

用好评论区

运营者如果没办法提炼长内容，一定要利用好评论区。评论区最大的特点就是没有折叠，不管你的文章有多长，都会全部展示在读者面前，因此可利用它展示更多的内容。如，把一些次重点写得更加详细。此外，自己给自己的文章进行评论，所有好友都能看到，所以创作者无需顾虑。

突显产品亮点

用户购买产品的主要原因就是产品有亮点。因此，运营者要突显产品亮点。许多产品都有很多种功能，如果你全部罗列出来，用户记不住，那就不如重点描写产品的几个亮点，可让人觉得你与众不同。如，你强调一款面膜的补水功能，有这方面需要的用户马上会注意到它。

全方位介绍产品

运营者想让用户认可自己的产品，只强调产品功能是不够的，还需介绍产品的优惠政策、付费方式、专家评价、认证报告、送货方式，等等。用户习惯综合衡量一件产品，全方位的介绍更具说服力。

用户信任

有人说，微信营销的基础是信任。尽管微信上大多数是熟人，但在利益面前，许多用户疑心重重。运营者如果不能消除他们的疑虑，很难取得用户信任。

为此，运营者可向用户承诺免费退货、免费维修、送货上门等超值服务，来提高他们的满意度。他们信任你，你才能提高销量。

解决用户难题

用户的难题通常有以下几种：产品退换货、送货时效、产品使用、产品质量，等等。运营者想让用户购买你的产品，这些问题是必须要处理好的。如果你还能提供更细致的服务，用户的满意度会更高。如，海底捞给就餐的女士发头绳，以防止头发影响就餐等。如此细小的事都能关注到，才会让顾客再次光临。

借助小工具

新媒体运营者应用微信时，还可以借助一些小工具，来增加用户。如，利用“摇一摇”“漂流瓶”等，把新认识的人引流到自己的微信店铺。尤其是“漂流瓶”，你可以把自己的微信公众号写在里面。每一个看到的人都可以与你交流，你可以获得很多潜在用户。

关于微信的运营技巧还有很多，但只要掌握上述技巧，就可以获得一定规模的用户，帮你不断发展，从而更具竞争力。

7. 微信运营的误区

对于新媒体运营者来说，使用微信也是一把双刃剑，一旦进入误区，就会带来巨大的反作用。所以运营者一定要遵守一些规则，才能不让微信好友反感。下面，我们就来看看这些误区。

广告太多

许多人使用微信的原因是为了沟通方便，并不主要用于购物。可如今，这个平台上有很多微商，他们推送大量的广告，用户不胜其烦，于是屏蔽了你的朋友圈。

而有些运营商推送的广告很少，却取得了很好的转化率。原因就在于，广告在精不在多。如，你卖球鞋，广告词中就可以只写“杜绝高仿”，这种简单明了的说明，反而会让大家记住你。如果铺天盖地地发广告，跟发几个是没什么区别的，只会引起大家的反感。此外，许多人都采用这种推送方式，你也跟着用，就很可能被忽视了。

晓峰是一名网球穿线师，来自广东。起初他在微信上推送的广告是：“本人擅长穿线，保证弹性适中，望广大球迷光顾小店。”

很久都无人关注。后来他拍摄了短视频，推送到朋友圈。视频中先出现他做刺绣的画面，然后才转到给网球拍穿线，广告词为“请你相信一位粤绣匠人的认真”。视频获得了很高的点击量。

晓峰最初没有成功的原因就是，内容的展示方式、广告语都毫无特色。作为穿线师，能够做到弹性适中的人太多了，人们需要的是更多值得期待的服务。后来他用制作粤绣来彰显自己的手艺，效果则完全不同，因为这样的穿线师很少。人们看到他的手艺后，会相信他在图案设计方面的能力，很可能加他为好友，谈私人订制的价格。

可见，用广告展示独特之处，才是运营商最应该做的事情，这样也可以从大量广告中脱颖而出。

频繁刷屏

这种操作也许是最让用户反感的行为了，就算是产品符合用户要求，也有可能被用户拉黑，因为这是对他人的干扰。此外，还影响他人看自己感兴趣的东西。运营者试想，用户连传播的机会都不留给你，你的产品又怎么能有转化率呢？

如今，许多人的朋友圈已经被改造成了产品宣传板，而大家每天的工作生活已经很繁忙了，再也不能忍受刷屏的行为了，所以很可能把你屏蔽掉。

内容空洞

无论是在书籍上，还是微信上，内容空洞无物的文章都没有吸引力。如，运营商一再称赞产品好，这不过是句空话，他应该给出相关数据，才能让对方信服。因此，运营者在撰写文章前，一定要想好，用户希望获得哪一方面的信息？我能不能满足他？给出的信息是否能让他信服呢？

这就要求运营者一定要让内容落实到具体细节上。这离不开专业的知识，还要熟知用户的心理需求。如果做不到这一点，客户就会选择别人的产品。

有些运营者在推送信息前会进行市场调查，然后给用户推出适合的产品。如，玫琳凯化妆品公司会根据用户的工作和生活情况来推荐产品，并给用户一个实用的护肤建议，所以受到很多用户的好评。

以上就是微信运营中常见的误区，运营者如果不去改正，不仅浪费了很多力气，还会起到反作用。这就要求运营者去认真揣摩用户心理，然后制作出符合用户要求的内容。

8. 微商该如何选品

新媒体运营商采用微信营销，就要知道微信平台的选品规则。如果超出了它经营的范围或违背了规则，很容易造成货物积压。下面我们就来看看，有哪些运营商必须遵守的原则。

是否受欢迎

在微信上，衡量内容是否受欢迎的受众群体不是所有用户，而是你朋友圈中的人。例如，你朋友圈中大多是美术爱好者，你就不要推荐面膜了，可以推荐一些画展、旅游胜地等。

小王是国家博物馆的一名导游。每次国博有重要的展览前，他都会在朋友圈进行宣传，可有些展览鲜有人问。

究其原因，就是他的好友不认可一些画家的作品。为此，小王把好友按喜好的风格建群，如古典群、现代群、印象派，等等。此后，他会按照展览的风格，向相应的群发送信息。因为用户划分得比较精细，取得了很高的用户转化率。

很显然，小王的朋友群里大多数是美术爱好者，推荐展览会正适合。但是好友喜欢的画家不一致，不按照他们青睐的类型去推荐展览也是行不通的。例如，喜欢雷诺阿的人，很难接受马蒂斯的画风。即使你强烈推荐，也不会起大作用。

其他产品也一样。如，你的朋友圈中有很多体育爱好者，但是他们喜欢的项目不一样，你就得给他们进行分类，这样做才能用内容赢得用户。

供货周期

人们最厌倦的事情之一就是下单后等待时间太长。如，快递一周后还没有到，真是让人心烦。其实问题未必在快递公司身上。你应该先看看自己购买的是什么产品，还有供货商家的地址。要是二者都没问题，你才能埋怨快递公司。

例如，小王在微信上购买的产品，说好两天就到，可他 5 天后才收到，原因是供货商家在四川，不可能太快。也就是说，运营商在选品的时候，先要看好合作商所在的地址。此外，还要考虑信誉度，最后才是物流的速度。

为了避免问题的出现，运营商可选择同城的供货商合作。不仅能节省物流费用，还可保证供货时间，进而提高用户的购物体验。用户的信任跟良好的购物体验密切相关。此外，运营者要切记，不可为了获得用户好感而编造合作商，一旦被用户发现，带来的负面影响将不堪设想。

覆盖面的宽窄

运营商在微信上推送产品必须要考虑产品的覆盖面，不符合大众需求的产品，最好不要去选；价格超出大众购买能力的也不要去选择。这些都会让你的用户数量下降，还会给你造成经济损失。就微信用户的购买习惯来看，购买昂贵产品的人群数量比较少，因为他们更信任那些实体店。因此，大家在微信上看到的产品大多是：妇婴用品、衣帽箱包和美妆用品等。人们对这些商品的需求量比较大，使用周期又短，很适合微信营销。

此外，运营者在制作内容的时候，也要考虑覆盖面。文章最好没有边界限制，还能雅俗共赏，这么做必然会吸引大量的用户。

9. 哪类软文更适合微信推广

在微信上，10万以上阅读量的文章很常见，可以为产品销售提供强大的动力。可是写出受众广泛的文章并不容易。文辞优美，但言语空洞的不行；功能介绍得淋漓尽致，但卖点不突出的不行；文笔、卖点都极佳，但没有推广能力还不行。简言之，东西要有吸引力，还得让读者从中有所收获。现在，我们来看看，到底哪些软文更适合用微信进行推广。

1. 时事热点

人们都喜欢新鲜的事物，例如比赛直播。此外，人们还愿意看一些热点问题，并发表自己的看法。要是有人写一篇跟时事热点有关的文章，会获得很高的点击率。

一位艺术培训机构的老师针对业内年龄较大却无戏可拍的怪现象，在微信上推送了《哭泣的老演员》。原来是某位老戏骨很久没演戏，被记者采访时当场落泪。同样的事，另外一位男演员也遭遇过，他感叹说："揣摩了半辈子演技，结果却没人用我演戏。"

反观有些年轻演员，一年内可以参演几部戏，片酬有几千万，还当众表示："当下，观众喜欢就是演技，而不是传统意义上的精湛。”

文章就这一现象推出互动话题：“你认为颜值和演技哪个更重要？”

文章最后植入广告。

演艺圈的事一直热度不减，并引起了许多争论。案例中的话题已是老生常谈，并用老戏骨与新演员的状况做对比，吸引眼球。从学习的角度来看，演员打磨演技是很正确的事情。可是从市场的角度看，演技若是不被观众认可，锤炼的时间反而是一种消磨。就是这种有冲突的热点问题，才更受用户的喜爱。人们希望从文章中看到一些理智的见解，若是创作者能指出，一定会受到读者的欢迎。

除了艺术圈，还有很多热门话题可以吸睛。如，科技、教育改革、住房问题等，运营商可以在不违规的前提下，借助话题去推荐产品。

2. 符合预期

许多人看软文的原因只有一个，那就是能给自己带来什么改变。因此，创作者要按照用户的心理需求，去撰写文章。例如，《三招教你练出马甲线》《别让低头变成你的习惯》《你也能做到优秀》，等等，这些文章用户喜欢看，而且愿意分享给好友。

3. 专业性强

专业性强的推文在微信上更受欢迎，因为能解决用户所面临的具体问题。如，一位牙医在微信上详细说明了牙齿对人体面部结构的影响，还讲述了牙齿和身体健康的关系。据调查，牙齿不好的人患中风的概率高于牙齿好的人。原因是，牙齿好的人面部肌肉的运动量更大，对头部神经起到了保护的作用。此外，他还讲述了根管治疗的原理，阅读量很快就超过了 10 万。我国牙病患者人数很多，他们需要专业的就医指导。

4. 成功可模仿

有人看文章，是想从中寻找一些能让自己也成功的经验。例如，看一些励志故事，让自己变得意志坚定，而且拥有智慧。新媒体运营者可以向大家推荐一些他人或自己成功的方法。例如，有篇文章叫《如果你只剩下一次翻身的机会，该如何做》，讲述某位年轻男演员健身的故事，文章被许多人阅读和分享。

5. 方式多样

没有人愿意读那些毫无新意的文章，但是创作者不可单纯为了追求新意而说荒诞离奇的东西。真正擅于写作的人，即使和别人观察的事物一样，也能写出好文章。例如，歌手李健以情歌的方式描述《丽江》，听到那句“静悄悄我心事朦胧，唯有泉水叮咚”的歌词去过丽江的人马上就会想起那里的风景。

适合微信推广的文章还有很多，不再列举。创作者只要能做到以上几点，文章必然会得到很多读者的认可。

第八章

以优质文案提升转化率

1. 如何挖掘产品卖点

在新媒体运营上，有一个其他平台所不具备的特点，就是它的价值并非内容，而是背后的产品。所以创作者要以产品为出发点，让用户认可你，并产生情感依赖。

再好的产品也不能符合所有用户的要求，因此新媒体运营者在创作文案以前，必须对产品有一个全面的了解。如，产品的亮点是什么？定价多少适合？目标用户有哪些？和自己同款的产品有哪些？这些都能成为创作时的内容来源。

许多产品有很多卖点，但是文案不可篇幅过长，也不能全部罗列。原因是，没有人能记住那么多卖点，而且文字过多反而让人分辨不清主次。为此，有些运营者把卖点分为核心卖点和一般卖点。创作者在写文案前，先要想好自己主推哪一项。

有时，你认为重要的地方，未必适用于所有用户，而只是对一部分人有效。因此要围绕目标用户去选择产品的卖点进行描述。例如，很多手机用户最在乎的问题是，待电时间有多长。如果你的手机具备待机时间长的特点，这就是你必须首先去写的卖点。

新媒体运营者撰写的文案都应该以产品为基础。许多优秀的文案创作者都会认真研究产品，然后结合目标用户，写出能让读者产生共鸣的文案。下面我们来看看，创作人员应该如何找卖点。

定位

所谓定位，就是先要明白产品在市场上的定位。例如，书画作品在市场上被定义为轻奢品。创作者在撰写文案的时候，就要多谈它的文化内涵，而不是材质的价格，这样才有利于出售。可见，创作者必须对产品有一个准确的市场定位，才能提升文案的宣传效果。

运营者常用的定位方法有以下几种：品味定位、功效定位、外观定位、历史定位、价格定位、品牌定位等。我们以外观定位为例，当下许多手机制造商都生产外形简单大方的机型，因为这样设计风格的手机外形更符合如今的潮流。

运营者有了正确的市场定位，不仅内容传播得快，还能获得更多的收入。

产品分析

产品分析并非研究产品的组成部分，而是指弄清产品、延伸产品、形式产品。产品不再过多解释，延伸产品是指商家给用户附加的利益或服务。例如，手机经销商免费给用户贴膜。形式产品是指产品的款式、外包装、容量等。

不同的用户对产品有着不同的需求。例如，年轻人很注重外形，所以选择越野车的人比较多。中年人讲求舒适，比较注重车的功能。文案创作者面对年轻人时，就应该多讲形式产品的亮点。

产品形象

提到产品形象，许多人马上会想到外形，其实它包括视觉形象、社会形象和品质形象几种。视觉形象也并非只是外形，还包括广告和包装。如，农夫山泉的一些产品上有很精彩的广告语。社会形象包括：品牌效益、社会地位、社会评价等。如，德系汽车历来以做工精良著称于世。这就是它的社会评价，有助于产品销售。品质形象包括生产、管理、销售、设计等。

创作者可以把产品形象细化，从而找出适合目标用户的亮点。例如，瑞士手表的特点是精准、耐用，且保值，这些亮点正是许多人喜欢它的原因。

产品的生命周期

产品的生命周期通常包括4个阶段：萌芽、成长、成熟、衰退。不同的产品因为性能和用户需求的差别，生命周期也不同。

创作者写文案前必须对产品周期有所了解，才能在不同时期，采用不同的卖点去带动用户购买。例如，产品尚处于萌芽期，文案要侧重去写产品的功能和特点，并结合时代做出很有预见性的分析，这样可以吸引用户认真阅读。在成长期，可以宣传品牌的实力或产品的优势。如，

TCL 电视机对外宣传说："我们打造的不是一款电视机，而是一个基于网络的生态系统。"说明了产品的优点。在成熟期，文案创作者应该强调服务和附加值，这样可以提升用户对你的信任度。在衰退期，文案宣传可以减少，把精力放到新一代产品的宣传中去。

挖掘卖点是文案宣传、产品销售的关键点，创作者应在文案上突出卖点，这样才能很好地引导用户购买产品。

2. 创意是文案的核心

一说到文案，很多人马上就会想到创意二字。无论在传统媒体时代，还是现在，创意就是文案的灵魂。尤其在新媒体上进行内容传播，创意的价值更是有增无减。

我们以微信为例，朋友圈所发内容同质化的信息太多，如果创作者的文案毫无创意，很难引起人们的注意。再从商业生态的变化来看，文案也离不开创意。如，大数据、云计算等技术的发展，我们需重新审视产品、用户、市场和企业之间的关系，才能顺应当下的商业环境。文案写作的视角也要根据这种变换而更改。最基本的要求就是能解决用户的痛点问题，设置的场景可带动用户的情感。除此之外，还要放弃那种只会蹭热度的文案。

下面我们来看看，打造一篇创意十足的文案，该从哪些方面入手。

利用情境

用户的需求，大多跟情境有关。例如，朋友带瓶红酒来看你，可你却没有开瓶器；快要过年的时候，牙龈发炎，却没买到特效药，等等。创作者如果能想到这样的场景，再去推荐产品，很容易带动用户的购买欲望。

有些文案，大家看过就会记忆深刻。有一些简单到，你都会不自觉地背诵。如，“渴了，困了，喝红牛”“小时候一听见黑芝麻糊的叫卖声，我就再也坐不住了”，等等。这几个广告都给产品带来了巨大的销量，这就是围绕情境打造文案能够实现的销售效果。

以用户为中心

以上章节已经说过，文案针对特定人群，才能发挥最大效力。创意可解决用户痛点问题，而且语言清楚易懂，更容易带动用户购买产品。创作者想要做到这一点，就要站在用户的角度上，体会文案能给用户带去的心理感受，并推算出有多大可能使其购买产品。

益处

在创作过程中，创作者应该放下固有的思维模式。用户最在乎的不是你文笔出众，而是要让他感受到，你在为他着想，他才可能读完你的文案。就大多数用户的心理来看，他做一个决定之前，首先会考虑自己的获益。因此，创作者要揣摩用户的心思，并把能给他的益处，放在突出的位置，这样做才能跟用户有很高的关联性。因此，在撰写文案时先要想清楚用户在乎的是什么，然后让文案跟他有很高的相关性。

例如，广告词“怕上火，喝王老吉”，就准确地说出了产品能给用户带来的好处。这要比介绍产品的功能更具吸引力，因为益处离用户很近。因此，我们在撰写文案的时候，不要向用户描述商品，而是说益处。

情感

文案如果离开了情感，很难消除用户对购物的戒心。也就是说，你只知道他需要什么是不够的，你还得知道怎么才能调动他的情绪，让他做出购物的决定。

一位鲜花经销商，在情人节的时候撰写了一个文案。文案中借用了歌曲《望春风》中的歌词——“花开当折直需摘，青春最可爱。自己卖花自己戴，爱恨多自在”。

居然引起一些单身女性购买鲜花。

女孩喜欢鲜花是天性，跟爱本无关系，所以案例中的文案，说出了许多单身女性的心声。而文案也体现了对这一群体的关注，能够引起她们的共鸣和注意。事实也是如此，挑选鲜花的主动权始终在你自己的手里，那为什么不自己选择呢，自己选择才更容易贴近自己的心意。

如果文案能带动用户的情绪，不仅让用户购买了你的商品，同时还能提升用户对你的黏性。

敏感

创作者对一些热点事件必须敏感，这样不仅能快速吸睛，还能提高产品的销量。如果对事情不敏感，待时效性一过，多好的文笔，也很难实现预期的效果。

2019 年 4 月，北京植物园的桃花一开，植物园的工作人员便在微信上推文为“人面桃花始盛开”，这一举动为植物园带去了很多游客。

可视化表达

在这个信息技术快速发展的时代，文案要学会可视化表达，才能让用户清楚感受到产品的好处。例如，你说手机像素高，可有些人对像素不理解，你就可以说跟单反的效果一样。给出了参照物，用户就会明白了。因此，当用户不能快速理解一些专业名词时，你可以换个思路解释。

情怀

不是所有文案都要跟产品有关，有时候运营者可以通过文案向用户展示自己的情怀，这样做可以获得用户对你的好感，有利于将来产品的销售。

一位创作者写了一篇关于心态的文章，引用了作家林清玄讲过的故事。

在故事中，一位禅师说：“我修行的境界就是终日吃饭，未曾咬着一粒米。”

徒弟认为这很简单。禅师说：“不然，有人吃饭细嚼慢咽，百般思索，毫无包容之心。”

文章用很小的事情，讲述了心态和生活的关系。许多人觉得生活太累，就是过于挑剔了，或者总是担心别人说自己做得不够好，其实是把最简单的事情想得复杂化了，就很难体会到幸福。这样的文章用户愿意阅读和分享。以后你再推出其他文案，他也会点击阅读。

创作者想要吸引用户，推出有情怀的文案很有效。此外，通过用户的评论，你还能了解他的价值观、喜好等，此后你撰写的文案会更受他们的青睐。

借助形式

文案的讲述方式十分重要。如，人们喜欢听故事，而不是用数据介绍产品。但是故事也有很多讲法，可以用动画、音乐、视频等多种方式去讲述。例如，某网站曾推出视频，讲述网络电视对传统电视的冲击力，获得了很高的点击量。

创意是文案能够引起大家大量转发的关键点。因此，创作者动笔之前，先要想好创意。此外，正文的创意要紧扣标题，用户才不会因为跑题而拒绝阅读。

3. 文案的创意技巧

文案的作用与文章不同，只触动读者的情感远远不够，还要让用户有一探究竟的想法，才算是优秀的创意。下面我们来看看，创作者用哪些创意技巧可以快速获得用户的认可。

制造冲突

许多人都听说过戏剧张力这个词，依靠的就是冲突，这种方法在文案创作中也十分有效。许多创作者会根据营销的需要来制造冲突。如，“你以为颜值高，精神就富足吗？”“脂肪肝并不是胖人的专属”，等等。消费者看到这样的标题会感到很惊讶，然后去寻找原因。创作者制造冲突的目的就在于此。他要让人们感觉很意外，想要自己去探一探究竟。

但是文案制造冲突的原则毕竟不是戏剧，它的要求如下：首先，要跟产品有关；其次，文案要贴近用户的生活；最后，可以解决用户当前的问题。我们来看一个关于解决用户当前问题的文案。

微信公众号“花开彼岸”推出一篇文章，标题是《你是否焦虑没有‘标配’的人生》。文中写到了年轻人的迷惑、中年危机，等等。其实事情并没有想象的那么糟糕，只是大家被一些所谓的“标配”搞的压力巨大。

可到底什么才是“标配”呢？有人二十几岁就身价过亿了，生活富足安逸；有人到了不惑的年龄，却下岗了，生活举步维艰。可人想要获得幸福感，不能总看自己缺少的。此外，你羡慕的人，也有他的不快乐，你只是看到了他光鲜的一面，背后的努力你又知道多少呢？真正的幸福是当下的心态和生活境遇的一种平衡。

文章后面植入了作者的著作。

焦虑是当下许多人的通病，既跟现实有关，也和心态有关。“花开彼岸”的文章正能解决用户当下的问题。我们既然改变不了现状，为什么不调整心态呢？你必然还有让别人羡慕的地方，不应该愁眉不展。这样的文章能够引起许多人的注意，产品的传化率也有保障。

每个人都要面对一些矛盾。如，理想和现实、富足和贫困、自由和束缚，等等。这样的冲突更具有话题性。受众会从你的意见中印证自己的见解，并有所改变。

强调附加值

所谓附加值就是向用户表明产品的诸多好处，或承诺赠送礼物及提供免费服务。若是单靠文案的创意，很难留住用户，得让他们看到惊喜。例如，“一瓶面霜三重功效，补水、抗皱、提神”“别以为速成，就容易忘记”，等等。

这些文案的标题既能让用户看到自己想看的点，还能展望到很高的附加值，因此他们会兴致勃勃地阅读文案，从中找出自己的关注点。

逆向思维

逆向思维，即通过制造反差引起别人的注意。例如，许多商家都号称“天下第一”，你却自愧不如，这一定会让许多人感到意外。尤其大家都知道你的实力，还会佩服你的低调。一位艺术家跟记者说：“我名虽扬，实不够。”这和许多自我吹捧的艺术家完全不同，因此这句话在艺术圈广为流传，成为这位艺术家的人格写照。

当周围的观点出奇一致的时候，你不赞同，也能把别人的目光吸引到自己的身上。例如，有人说，往事不要再提。你说不，没有荣耀的人，会缺少自信。这种逆向思维，尤其在网络中，会引起很多人关注。

当下一些文章另辟蹊径，比鸡汤文点击量高。因为那些文章更真实，反映了人性。

反差

利用反差是文案中经常用的创意技巧，就是把事物的前后做对比，让读者看到巨大的反差。此类文案，美妆、健身等领域的运营者经常用。例如，展示一个人化妆前后的样子，来证明自己技术高超。

眼见为实

有人说，再好的文字都不如一张图作用大，因为人们认为眼睛看到的才可靠。为了提升文章的说服力，创作者可在里面植入产品的展示图，并把特色功能展示出来。

文案的创意技巧还有很多，但以上的技巧是基础，可保证创作者在文字能力一般的情况下，吸引用户的眼球，创作者应灵活运用。

4. 标题是文案的关键

“题好文一半”的创作理念众人皆知，尤其在文案创作上。据调查，人们浏览标题的次数是正文的5倍。换句话说，标题起得不好，基本上内容也就失败了。下面我们来看看标题的类型，还有撰写的方法。

类型

标题的类型有：悬念式标题、提问式标题、建议性标题、比较式标题、颂扬式标题、新闻式标题，等等。

1. 悬念式标题

通常情况下，人们都会阅读带有悬念的文章。在标题中设置悬念，可以引起人们的好奇心，引导人们去阅读正文。要是能把它和提问式标题融合使用，获得的阅读量会更高。例如，“上海已经试验数码公路了，驾照以后该怎么考”这个题目。

近年来，人工智能一直是人们关注的焦点。文案标题中有数码公路，读者自然会被该文章吸引。随后又提到了考驾照这个扎心的问题，更能引起读者的讨论和分享。

2. 提问式标题

就是靠提问来引起用户的注意，进而阅读全文，有所反思，从而产生购物的想法。例如：“当下都被你搞得‘乌烟瘴气’了，以后怎么办呢？”创作者最后推荐的产品是炒锅，跟标题也有很高的相关性。

3. 建议性标题

通过建议的方法，帮助用户做出购物的决定。采用的口气可以是叮咛、劝阻、期盼，等等。利用这种标题的时候，千万不要让用户认为你在强买强卖。例如，“你得有吃顿早餐的时间”，用户在建议中能看出的是关心，而不是让你购买早餐。

4. 比较式标题

比较式标题，就是将产品或服务跟同行做对比，以突出自己产品的优秀，这种方式可加深用户对产品的了解。如，“你的气质，更适合开奔驰还是宝马”这个标题，就属于此类。

5. 颂扬式标题

用赞美的方式来表达产品或服务的优点，可鼓舞人心，令人向往，但要记住，不要夸大其词。如，“努力学习4个月，工资翻倍不是梦”等。

6. 新闻式标题

许多人都有阅读新闻的习惯，所以采用新闻式标题会引起用户的普遍关注。如，“人工智能在家庭生活中的应用”等。

标题的撰写

创作者知道标题的类型后，如果不会撰写的方法，也很难打造出好的标题。下面我们来看看，如何打造一个有吸引力的标题。

1. 简明扼要

简明扼要，就是重点要突出，语言要简洁清晰，用户看到你的标题，就能知道你要说些什么。例如，“想要出国，学 3000 个单词就够了”，这个标题不长，但是要讲的事情都说清楚了。以往人们出国要学大量的英语词汇，现在这篇文章则告诉你，不必背记大量的单词，只要掌握最基础的词汇就可以了。

此外，我们采用数字去表达效果，要比文字好。例如，“100 天，练就一手好字”。这种体现具体的数字的标题，更符合用户的心理预期。我们在使用数字的时候，还有一个小技巧，就是把数字放在前面。如，“3 种提升自信的方法”要好于“提升自信的 3 种方法”。因为数字更加醒目，对人的暗示性更强。而且人们看到“3”这个数字，会觉得任务不重，是自己能做到的，不会太多有压力。

2. 用户反馈

创作者想知道自己文案的优劣，需要关注用户的反馈。只有理念和产品达到用户的要求，才可提升转化率和点击率。如果创作者没时间看用户的反馈，可以站在用户的视角去反思标题的作用。此外，阅读量的提升也是对创作者的一种反馈。例如，一位创作者写的文案标题是“座位真的能让孩子提分吗”，春晚上的小品对此问题也有所阐述。因为是热点问题，这篇文章获得了很高的点击量，这也从另一个角度说明了此篇文章的标题起对了。

此外，还可以按照用户建议去撰写标题。如，一位美食电商撰写的文案标题为“你期待的超值套装上市了”，就是因为有很多用户建议提高优惠。

3. 切忌堆砌关键词

一些创作者在制作标题时，愿意把关键词都堆砌在一起，以求面面俱到。可这样的标题不仅没有重点，也不利于用户在搜索引擎上查找。如果再掺杂一些毫无必要的装饰语，效果就更差了，用户也会嘲笑你的文字功底太浅显。例如，你要推荐钻戒，就没必要在价钱昂贵上多用修辞了。

标题是引起用户注意的关键。用户会根据你标题中的关键词，决定是否阅读你的文章。当你得到用户的及时反馈后，打磨的标题会更受欢迎，你的文章也能得到更多的点击量。

5. 正文的阐述方式和技巧

文案中的正文是重中之重，产品的核心卖点来自于正文，如何让用户读完你的信息，并选择你的产品，都需要正文去带动。如果正文中没有用户在意的内容，文案则毫无价值。下面我们来看，正文的写法和具体要求。

写法

正文也应该像标题一样注重吸引力，如果缺少了这一点，就枉费了设计标题的用心。正文常用的写作方法有以下几种。

1. 新闻式

新闻式在前文中已经有所提及，就是按照新闻稿的样式去写作。例如，新闻报道式、人物访谈式、新闻通稿式。创作者在写作时，要找到新闻热点和文案的相关性，然后可在行文中注入人文情怀，或者是自己的经营理念。如，一位美食电商在文案中写到："今日听闻某中学学生食物中毒的消息后，我为孩子们的健康问题深感痛心。这一代孩子好多没吃过纯绿色的食品。希望广大家长看清你给孩子买的东西，也许并不是真的好。而我为孩子们提供的营养餐，采用的食材经得起检验。"然后他介绍自己食材的来源和功用。

2. 论证式

一篇好文案，最关键的是思路，其次才是文采。这就要求创作者严抓行文的结构，并能通过逻辑印证自己观点的正确性。

论证的方式有两种：自上而下、自下而上。

自上而下就是先说观点，然后用论据去支持观点，得出结论。例如，京东在微信上推荐一篇文章，开篇写“我国的贫困人口大多是辛勤的农民，他们培育了天然的好食材，却因没有销路，只能困于贫穷，这样的境遇需要我们去改变。”然后写销路不畅对食材的不利影响和解决办法。最后得出结论：企业有必要把大山深处的味道，带到城市居民的餐桌上。文章结尾，植入天然食物的广告。

自下而上是先分析观点或讲述故事，然后得出结论。例如，微信上有一篇文章标题为：《难道是年龄束缚了婚姻的质量吗？还是因为你不够精致？》正文写到：“到了2020年，不再有30岁的‘80后’。许多同龄人都像我一样感伤自己老了。尤其是在公众场合听到孩子叫自己阿姨，还是不服气，觉得自己还有青春活力，脸上还有胶原蛋白，眼神里还有光彩。可是有一天，我终于承认自己老了。我摸着同事家孩子的脸，才发现自己毛孔粗大，需要保养自己了。”随后创作者用视频的方式，讲述某位女明星的保养方法，并推出一款护肤品，这款护肤品可以解决皮肤松弛等问题，并讲述了产品的使用方法。

描写式

描写式是指对人物、地点、场景的描写，三者是塑造文案情境的主要因素。创作者写此类文案时，要注意以下几点。

1. 点面结合。简言之，既要高度概括，还得写出产品的特色功能和服务细节，让用户对你有更多的了解。

2. 主次分明，塑造氛围。创作者在写产品优势时，要重点去写产品的亮点。描写场景时，要抓住场景的特点去描述，不要写无关紧要的信息。

3. 层次清晰。创作者可用写作结构划分正文的层次，也可以利用写作的顺序，让文章的条理更加清晰。

写作要求

创作者在撰写正文时，要抓住市场的热点、用户的关注点，然后以用户喜欢的讲述方式去传播内容。如果不能符合用户的要求，就算文辞再优美，也很难实现预期的传播效果。

1. 主题突出

文案主题不突出，必然会影响传播效果。例如，喧宾夺主，或者是跑题。喧宾夺主就是主次颠倒，吸引力差；跑题是指内容和产品毫无联系，这些情况都会让用户停止阅读。

一般来说，一篇文案最好只有一个观点，如果观点太多，自己会逻辑不清，还会造成用户的思维混乱，影响其阅读效果。

2. 含蓄且新颖

创作者对产品的见解和思考不可太主观，而是要站在用户的视角上，让用户能接受你的观点。在传达上，切忌用说教的方式，以免引起对方的反感。可采用娓娓道来、含而不露的讲述方式，更利于用户接受。

创作者讲述的方式可以含蓄，但是阐述的观点、写作的思路、使用的语言都应该新颖，让用户有耳目一新的感觉。语言的节奏可以详略得当，并采用一些热词增强时代感，这样做可以提升用户阅读的幸福感；思路要新，能给用户豁然开朗的感觉；文案的态度和观点一定要鲜明，读者能马上在正文中找到重点。使用的技巧有：适当重复、列数据、举例子，等等。在正文中穿插运用以上技能，可以提升文案的可读性。

创作者想要写好正文，离不开鲜明的观点和扎实的文字功底。此外，还要熟知用户的阅读习惯和知识构成。不要总用术语，句子要以短句为主。此外，还要注重语言的可视化和真实性，这样才能靠正文赢得用户的青睐。

6. 品牌故事该怎样写

如果新媒体运营者要打造自己的品牌，离不开撰写品牌故事，而且要不断更新，让用户对品牌和产品有一个全方位的了解。例如，有些企业家会把企业的发展历程描述得曲折动人，这就会使用户在潜移默化中认可他们的企业文化，从而肯定他们的产品。

故事为什么对企业树立品牌如此重要呢？首先，它跟产品说明相比，并非冰冷的数字，更利于用户接受；其次，阐述的方式不是抽象的概括，而是注重细节，并在细节中见情感，同时让故事和产品产生很高的关联性；最后，故事可调动用户的感官记忆，让用户回忆起一些场景，这就加深了用户对故事的印象。例如，董明珠在年终总结大会上向员工讲述自己追债的经历。员工能感觉到她创业的不易，从而愿意为企业尽职尽责。

创作者如果想通过故事创立品牌形象，可采用以下步骤去撰写故事。

1. 搜集资料

创作者想要写出激动人心的品牌故事，就必须对企业自身有足够的了解。如，知道企业的文化内涵、发展目标、竞争对手、品牌定位等。为此，文案创作者需要整理很多资料，并了解相关领域的资料，这样在创作的时候，才能提升故事的厚度。如，赊店老酒请新媒体运营团队帮助写文案。创作者经过搜集材料了解到，企业的名字来自于刘秀赊旗起义，念酒馆老板赊旗有功，赐名为赊店老酒，这就是赊店老酒的历史根源。创作者把这样的故事放在文案中，酒的格调一下上了一个档次。

2. 提炼故事主题

对于品牌故事来说，主题的作用远远超过写作技巧。如果主题受用户欢迎，就算文字质朴真实也能打动用户，否则文笔再优美也无济于事。如，京东曾推出文案“红的故事”，讲述快递员们的生活。日常生活中人们经常接触快递员，他们也愿意了解这些熟悉的人每天是什么样的生活状态。

这种主题符合当下的主流价值观，即不要问职位的高低，竭尽全力把自己该做的事情做好，这就是对社会最大的贡献。这一主题还体现了公司对快递员工作的认可。据了解，京东的物流体系是自己打造的，快递员都来自京东。此故事在“双十一”之前推送到新媒体平台，这也是企业对员工的一次动员。用户读过故事，会对京东提供的服务感到满意。

创作者有了一定的素材，就应该从价值观、品牌精神、品牌愿景等方面去提炼文案的主题，并把跟产品有关的文化知识、时代背景做深入的展示。

3. 撰写初稿

创作者搜集完材料、确定了主题后，就可以尝试写初稿了。以故事宣传品牌，最关键的是要先确定故事的类型，然后再设置情节。故事的类型包括：励志类、职场类、情感类，等等。故事情节要跌宕起伏，才能调动用户情绪。此外，创作者写品牌故事也离不开创作的几大要素：人物、时间、地点、事件的前因后果，等等。具备整体性的故事，更能够体现产品的用途。

4. 修改

在新媒体运营领域，要明白好文章是改出来的这个道理。创作者在打造故事的时候，很可能思路没那么清晰，或者语言逻辑有错误，这都会给读者的阅读带来不好的影响。为此，创作者在打造故事的过程中，既要重视逻辑性，还要兼顾语言的流畅性。故事写完后，创作者要通读，并找出里面的错别字和语句不通的地方，以确保文案内容的准确无误。此外，品牌故事要根据企业的发展状况做出更新，才能彰显企业新的理念和新的成果。

5. 发布

故事写完后，创作者应该找一个合适的时机去发布，以满足目标用户的需求。例如，哈尔滨啤酒在世界杯期间推出品牌故事，获得了世界声誉。

创作者想要打造一个优秀的品牌故事，可以选择类似的产品进行练笔。如，寻找买点、比对产品、分析受众，等等，并记下自己的创作思路。然后回归到自己想要推广的产品上进行写作，丰富的经验能让你的文案从众多文章中脱颖而出。

7. 诗化的文案更有吸引力

让用户在碎片化的时间内，记住文案的内容，采用诗歌的技巧也是一个好办法。因为从我们的记忆习惯上来看，对仗工整、合辙押韵的语句更容易被记住。此外，从美感上看，诗歌讲求情景交融，塑造的意境对用户更具感染力和代入感。

我们先来看诗歌的意境，再来看它在合辙押韵方面的运用。

意境

我们的传统艺术都强调意境，有人把意境称为情景交融的境界。如，苏轼笔下的诗句"拣尽寒枝不肯栖"，表面描写的是一只孤独的大雁，实则是对自己孤寂处境的感慨。如果想要文案打动人心，创作者也要重视对意境的刻画。但是要注意你的立足点，不是自己的情感，而是用户的感受和产品的作用。例如，文章要可视化，并能让用户了解可得的利益，如强调产品功能或企业的精神。

歌手徐千雅为湖南安化黑茶文化节所创了主题曲《你来得正是时候》。歌曲一发布，就受到了广大音乐爱好者的好评。他们拿这首歌跟徐千雅的代表作《彩云之南》相比较，认为各有特色，难分伯仲。《彩云之南》悠扬高远，《你来得正是时候》则闲适美好，唱出了黑茶的特点，仿佛是黑茶的有声名片。

我们来看里面的歌词："你来得正是时候，当黑茶飘香的时候，我在梅山煮茶等你，静看资江悠悠……"短短几句就写出了山城安化的秀美和热情。而且在歌词中，我们还能感受到陶渊明"采菊东篱下，悠然见南山"的意境，只是换成了"资江悠悠"的说法。歌曲还有MV，就采景于安化，给人一种回归自然、怡然自乐的意境。

歌曲在一些新媒体平台上推广，获得了超高的点击率。

这就是所谓的意境，而且词作者还采用了意象叠加的表达方式。如，在"静看资江悠悠"一句前先写梅山煮茶，这样的环境感觉要优于陶渊明诗中的南山。此外，文案还有MV做配合，在意境的打造上，更不是纯文本可以相比的，所以才能在新媒体平台上备受欢迎。

描写茶文化的歌曲还有很多。如，周华健演唱的《红》，由著名导演王潮歌作词。词句"红琴弦弹落了红红月亮，红山岗走过了红花香"，不仅交代了茶的色泽和产地，还让人看到了弹琴品茶赏月的高雅，令人向往。至于茶的知名度，歌词中用"红遍天下"来描述，可谓简洁。

其他新媒体运营者在打造文案意境的时候，可参照上述案例。注重场景、情感、文化底蕴是关键，语句的运用也要推陈出新，这样才能打动用户。

合辙押韵

合辙押韵是对一些古体诗的要求，读起来朗朗上口，容易背诵及记忆。创作者若是能够借此打造出经典文案，会为传播带来很大帮助。例如，前文提到过的著名作家冯唐为阿芙精油写了一首诗，至今仍被业内认为是十分优秀的文案。文案的内容如下：

暮春将至那些美好的事儿，
三年里终于有一次醉到不省人事。
你还穿得进你五年前的裙子，
初恋情人提了好几次你还是以前的样子。
有陌生人在杯垫上给你写诗，
你重新提笔还是一手好字。

尽管诗歌是现代诗，但是每一句都押韵，塑造的场景也能让联想到很多事情。如，诗歌的第一句很像歌曲《一场风花雪月的事》中的歌词“你还穿得进你五年前的裙子”，喜欢电影的人读到后会联想到电影《被偷走的那五年》。男孩对女孩最深情的举动，莫过于为她写诗了，诗中满是由衷的赞美。

此外，诗歌中的句子跟产品关联性很高，如，“初恋情人提了好几次你还是从前的样子”这句，也就是说，时光没有在女孩脸上留下岁月的痕迹。这正是许多女性用护肤品的原因，而阿芙精油最主要的作用就是护肤。最后一句很文艺，所描写的女孩不仅美貌，还极具才华。许多商人说：“如果你想让女士购买你的商品，就要学会赞美。”诗中对女性的赞美可谓极致。

除此之外，阿芙精油对文案的调性要求是长情，文案也做到了，有三年五载莫失莫忘的坚贞。这首诗在新媒体平台上推送，得到了读者的一致好评，扩大了阿芙精油的知名度。

可见，诗歌可以为文案增色，但是大家要注意一点，文艺性不是衡量一篇文案优劣的标准。如，很多文笔优美、引经据典、合辙押韵的文案都没取得预想的效果，原因就在于没有跟产品和服务很好地结合在一起。因此，我们要学会融合，才能引起读者的兴趣。

8. 微信号“餐饮内参”的经营之道

微信公众号“餐饮内参”是由一位美食频道的主持人和朋友打造的，是一个针对餐饮界老板群体的订阅号。每天只推送一篇文章，会从新媒体的视角来给传统餐饮业的老板提供可行性的建议。

公众号推出以后，运营者在第一个月把粉丝的数目定为 100 个，令人吃惊的是，第一批粉丝不仅有跟内容相关的餐饮界老板等业内人士，还有很多其他行业的人，总数超过了 300 个。其中一些是闻名全国的餐饮品牌，这对运营者产生了极大的鼓舞。

有记者采访创始人，问他当初做这个微信公众号的目的，运营者从几个方面说明自己开通微信公众号的最初想法。

1. 跨界是当下的趋势

有人说：“未来是属于既懂互联网，还懂传统的人。”可是这样的人不多见，所以“餐饮内参”的运营者进入其中。他认为，让广大餐饮经营者短时间内都成为精通网络的人是不现实的，但是餐饮业必须做出一些转变。

这就为外行们提供了很多机遇。例如，新媒体运营者可以借助媒体平台玩转餐饮文化。如今在餐饮场所，可看到许多适合新媒体时代所用的创意。例如，一家餐厅内的宣传语会让人觉得眼前一亮，像“小生意，大志向”“吃豆腐脑，更适合思考人生”，等等，这些比较文艺的口号对年轻人很有带动性。

如今借助新媒体创造餐饮界神话的商家越来越多了。可以预见，借力新媒体的餐饮老板会越来越多，跨界进入餐饮行业的商家也会越来越多。这就好比，兰博基尼还出产过香烟、悍马还做过手机一样。

跨界的运营者如果精通新媒体营销，会有不一般的成就。如，小米科技不与传统的电视产业竞争，而是去抢占家庭用户的入口终端。外行的进入，有可能引领科技创新。

2. 抽身看传统

让传统行业的人快速掌握网络技巧是不容易实现的，但是让他们快速改变思维方式还是可行的。作为老板，不缺资源、技术和人才，缺少的是思路和视野。有了思路，其他条件都可以靠整合得来。例如，一位烧烤店的老板去学习管理经验，认为自己最大的收获是提高了格局。

在新媒体运营上什么才是大格局呢？有一家餐饮的店面才有 20 多平方米，但年销售额是 500 万，这就可以和一个中档的火锅店的效益相比了。在这个新媒体的时代，餐饮业的老板也应该改变思路，以往只扩大店面的策略是行不通了。

就目前来看，“餐饮内参”推出的内容是基于互联网生成的一种新思维、新视野，有利于和老板们讨论，研究更新的经营模式。

现在，诸多行业在互联网的推动下开始转型，这个时候老板的思想也要与时俱进，这样才能面对纷繁复杂的竞争环境。

3. 关注老板的内心

老板也是平常人，有许多爱好，但是在员工面前往往要保持威严。正是这种生活气息，让“餐饮内参”变得更有人情味了。“餐饮内参”非常尊重老板的内心感受，所以专门设置一些板块和栏目，可以先不给选题设限，完全尊重内心的感受去撰写。

就现在看，餐饮行业每天都发稿的公众号不多，因为时间久了会给读者造成视觉疲惫，因此不如每周给自己固定发稿时间，其余时间仔细思考下一步的宣传等工作。同时也要相信，只有尊重内心感受，不断改进核心技术，才能继续发展，有针对性地解决一些问题。

第九章

不同领域新媒体的运营方法

1.“旅游 + 直播”，用户更欢迎

当下各地都出现了旅游热，相关新媒体运营者采用了“旅游 + 直播”的宣传模式，所产生的传播效果和获得的收益，是传统旅游媒体难以想象的。下面，我们来详细讲解这种与众不同的宣传方式。

阿里旅游平台与长隆集团共同策划了“与村长李锐夜宿鲸鲨馆”的拍卖活动。活动当天中午，主持人李锐参加了长隆爸爸节举办的新闻发布会。会上拍卖了一组在节日期间设置的超级 VIP 座位，起拍价只有 618 元，一位爸爸出价 4498 元竞得座位。

李锐不仅充当拍卖师，还兼职导游，为数万名游客讲解海洋知识，并且跟参加活动的家长们交流，如何才能做一个好爸爸。因为活动举办的时间临近父亲节，李锐号召全国的爸爸们要多陪伴孩子。整个活动过程在美拍、淘宝、花椒等平台都进行了实时直播，全方位地为广大旅游爱好者展示了长隆乐园的海底景色。

长隆除了推送李锐的直播外，还联合综艺节目中的当红明星录制《长隆奇爸说》，制造了许多热门话题，引导大家关注那些在家庭中隐形的爸爸，在全社会都关注的父亲节时段将品牌宣传出去，并为随后的父亲节直播活动进

行预告和铺垫。

父亲节当天，李锐带领30组家庭直播当晚夜宿鲸鲨馆的体验过程，李锐的女儿也参与了活动。李锐跟参与的家庭分享节目录制的花边新闻、育儿心得，并为家长们推送现场版活动《爸爸去哪儿》，带领家长和孩子们做亲子游戏，为所有家庭送上一个难忘的父亲节。

除了当天的活动直播外，长隆还邀请了很有影响力的30名辣妈主播，直播奶爸们带娃体验长隆乐园的过程，带给粉丝们感同身受的极佳体验。这些辣妈们平时直播的就是育儿类内容，有很强的用户黏性，为此次活动带来了高达60万的点击率。

父亲节活动结束后，100位脱口秀主播在直播平台YY上进行关于此次父亲节活动的讨论，让活动的热度继续高涨。在讨论的过程中，主播们回忆了与父亲共度的美好时光，呼吁所有的父亲珍惜与孩子相处的时间。此外，在直播的界面上，推出了产品促销的信息，同时通过互动区推送优惠信息，促使观众购物。据统计，此次直播的观看人数高达100万。

从长隆取得的成果看，此次活动策划非常成功，相关产品在天猫旗舰店创造了350万元的成交业绩。

我们来分析一下，此次活动能够成功的原因。

一是品牌植入的到位。这次活动的拍摄场地在长隆景区，活动期间策划组对长隆热门旅游项目进行了直播，引发网友讨论，在直播的过程中，对品牌信息完成了宣传。

二是“名人+网红”的宣传攻势。在直播人选上，李锐无疑是最好的人选。他曾参与《爸爸去哪儿》节目的录制，累积了相当高的人气，新浪微博的粉丝有300多万，而且都是关注亲子教育的目标用户。除了名人直播，再配合30位辣妈主播和100位YY主播，不仅吸睛能力强，而且粉丝也大多是目标用户，可谓覆盖能力超强。这个活动可以称为一次准备充分的真人秀。

三是噱头好，预热充分。长隆的鲸鲨馆拍卖会是由阿里旅游平台发起的，并自创了一个节日“爸爸节”，借助随后的父亲节进行推广，导流观众到天猫旗舰店购物，可谓一举多得。

四是互动效果好。当下直播平台的节目以娱乐性为主，这和长隆乐园的优势相一致，容易产生最佳的宣传效果。再加上直播活动的精心策划，更能够获得超高的人气。此次直播的旅游项目有花车巡游、海豚表演、鲸鲨馆和烟火表演，等等，这些表演引发了网友的弹幕评论，引来了更多的观众。

可见，旅游借助新媒体能产生巨大的影响力，所获得的收益，不仅限于旅游项目，还能带动所有参与者获利。这是合作方的双赢。再看产品销售环节，长隆引导情感消费的方式值得借鉴。他们邀请30位辣妈主播，更有说服力。此外，从用户体验的角度来看，长隆给观众以身临其境的感觉，这正是能够受到广大用户欢迎的主要原因。因此，“旅游+直播”的方式值得同一领域的企业学习和借鉴。

2.“文学＋新媒体”，受众更广泛

在互联网还没有普及的时代，文学领域获得粉丝的主要武器是文章。可如今，互联网对纸质传媒产生了巨大的冲击，许多读者转向了网络阅读。但是这并没有改变那些好文章的价值。据统计，我国获利最多的文学名著是《西游记》，因为由它改编的影视剧很多，而且票房都不错。可见，新媒体对文学来说是一把双刃剑。如果相关运营者借助新媒体的力量，可以让文学作品传播得更广，获利更加多元化。

在新媒体还没有大量涌现之前，文字是互联网上文学用户的首选工具，出现了一些网络作家，如，南派三叔、郭敬明、天下霸唱、韩寒、安妮宝贝，等等。因为网络文学写作时题材和行文描写方式更具有时代特征，深受网民的喜爱。此外，在制作成本上，网络文学跟传统文学也有极大的差别。如，网络文学不用印刷，打字速度较快。此外，在营销环节无须店面费，还不受时空的限制。尤其是制作环节，网络文学的优势更是传统文学无法相比的。传统文学需要完成全部创作，才能装订成书。网络文学可以每日更新，创作的依据是读者的反馈。简言之，网络文学给了用户更多的参与感。

正是因为以上原因，如今网络文学已经表现出爆发的状态，许多网络文学被改编成电影、电视剧、网络剧和游戏，并联合旅游业、娱乐业等共同发展。

网络小说若是被改编成影视作品，作者会获得不菲的版权收入。例如，由《鬼吹灯》改编的电影《九层妖塔》《云南虫谷》在电影院和新媒体上热播后，作家的收入比以前翻了很多倍。

我们就以《鬼吹灯》为例，它是较早实现 IP 化的网络文学作品。网民对它非常喜爱，使它风靡全国。在纸质媒体还是主要的传播方式时，我们在许多书店都能看到不同版本的《鬼吹灯》系列图书，它在畅销书的排行榜上也名列前茅。

《鬼吹灯》共 8 册，分为上下两部，分别为：《精绝古城》《龙岭迷窟》《黄皮子坟》《昆仑神宫》《云南虫谷》《南海归墟》《怒晴湘西》《巫峡棺山》。

只是看这些书的名字，我们就能感受到故事的优质。如，《巫峡棺山》《昆仑神宫》两本有浓厚的历史气息，且许多读者早有耳闻，更愿意去书中印证自己的观点，并且想要获取新的收获。《云南虫谷》《黄皮子坟》两本名字充满了恐怖和神秘的色彩，符合年轻人对冒险题材的喜好。在《云南虫谷》分册中，描述人们穿越野人谷时被毒虫、瘴气所毒害的场景，有些影迷会想在电影中看到这些恐怖的场景。

目前由《鬼吹灯》改编的电影中，拍摄画面相对较精美的要算《云南虫谷》，演员阵容相对强大的是《寻龙诀》。这几部电影都取得了很好的票房。此外，由《鬼吹灯》改编的游戏，也有很多粉丝。

《鬼吹灯》原本只是小说，获利的方式无非是纸质书和电子书的版税，可是一拍成电影，制作成游戏，不仅提高了知名度，获利的渠道也更多了。我们以《云南虫谷》为例，里面有很多造型逼真的怪兽，这些怪兽的形象可以用来制作玩具。影片的拍摄场景，可以用来发展旅游。新媒体运营者想借助文学盈利，就应该找这样的作品。它可以跨界到几个领域，最终成为超级IP。

随着网络文学的流行，大量的纸质书读者转移到了这个领域，为网络文学的快速发展提供了助力。当然，还是有许多人愿意看纸质书，但是新媒体对人们阅读习惯的改变，是无法改变的。尤其是一些音频平台，把纸质书改成有声读物，用户只要静听就可以了。正是因为这些改变，文学创作者也应做出相应的调整。

另外，随着人们生活节奏的加快，很多人都不愿意去读一本难以理解的书，他们更愿意到一些新媒体平台，找一些愉快、简单的读物去读。这也要求我们在写作的时候，要注重语言的表达方式及情节的设置。同时也要记住，不管怎么改变，都不可抛弃传统文学对人文情怀的关注。我们还是以《云南虫谷》为例，主人公胡八一要挑战传说中不能战胜的神兽。因为自己和同伴们被下了魔咒，不战胜神兽，活不过40岁。这种情节的设计，让我们看到了主角向死而生的勇气，这也是影片的灵魂。

在新媒体上写作，也要把用户的喜好和人性相结合，并研究可以衍生的领域，这样做才能顺应时代的要求，获得更大的发展空间和更多的经济来源。

可见，“文学 + 新媒体”是未来文学发展的一大趋势，新媒体有广大的粉丝基础，而且跟许多领域都有交叉，可以让文学实现多种可能，从而提高变现的能力。

3.“搬砖小伟”的网红之路

以上章节提及过一些网红，有些是靠表演走红，有些是靠宣传走红，还有一些是靠自己的文笔走红。但是有些网红，这些才能都不具备，却也有办法让大量网民关注了他。

例如，“搬砖小伟”在快手、秒拍等短视频社区是人尽皆知的明星。有人会好奇，搬砖还能搬出什么绝活来？其实，这就是达人精神。许多人看过《达人秀》，里面有些业余选手完成了专业选手也很难做到的项目，从而让观众们熟知。“搬砖小伟”就是这样做的。

如今，在网络上，“搬砖小伟”已经有了数百万的粉丝，在现实生活中，他只是一个“90后”的农民工，名叫石神伟。他初中毕业就到建筑工地打工，每天要搬近5000块砖，3年下来，累计搬的砖已超过50万块，这正是他给自己起网名“搬砖小伟”的原因。

小伟的身上背负着“网瘾少年”“留守儿童”“辍学者”等标签步入社会。刚开始工作的时候，他身材瘦弱，工作效率低，干了一个半月才挣了2000元。因为收入太少，交往两年的女朋友分手了。

这时小伟开始重新思考人生，有一天他看到一个来自国外的街头健身视频，被视频中健身者积极向上的态度所感动。他开始加入一个健身群，并在快手里和网友交流健身体验，决定也做一个健身达人，不再平庸地活着。

接下来的搬砖工作，不再只是他挣钱的方式，也是他健身的方式。通过健身，他能搬动上百斤的水泥。所有要搬运的东西都是他的器械，工作中的手脚架就是他的双杠，随便一处空地，他都可以做徒手练习，他还用宿舍门框做引体向上。

有一次，他把做倒立俯卧撑的视频上传到快手，几个月后，粉丝狂涨到了 70 多万。他把健身彻底融入了自己的生活中，工地上的一切工具和材料，他都能利用上并自如地表演令人惊叹的健身动作。如，在手脚架上翻飞，像个杂技演员一样。对健身的无比热爱，让他有了 8 块腹肌，这与工地简陋的背景反差极大，引起了网友的大量关注。

现在小伟录制的视频经常被网友顶上热门，每月的广告收入就有两万多，再加上 6000 元的工资，收入接近 3 万。成名后的小伟，依旧还做搬运工，但是他对自己喜欢的健身事业进行了投资。他在淘宝上开了一家店，专门卖健身器材。

在新媒体平台不断涌现的今天，以后必然还会出现很多和小伟一样的草根红人。他们没有物质基础，没有颜值，但是对热爱的事有一种执着的精神，新媒体平台就可以帮助他们走向成功。小伟的案例对我们也是一种启示，我们只要努力，一切皆有可能。

4. 麦当劳如何用微博吸引 95 万粉丝

一家传统特色的食品研发公司，在新媒体时代，决定用微博来进行营销，主推的产品有绝味鸭脖、夫妻肺片、香辣莲藕等。但是该公司没有新媒体运营的经验，于是管理者分析麦当劳的微博运营模式，希望得到一些启发。我们来看看这种分析方式，能给自己带来多大的收获。

分析对象的选择

大家都听说过模板这一概念。商家选择模板的时候，最适合自己的才是最好的。该研发公司之所以选择麦当劳，首先因为二者都是餐饮公司，而且自己的公司也跟麦当劳一样，集产品研发、生产、销售为一体；其次，该公司的主要业务也来自线下的加盟店，因此可以向麦当劳学习线上线下的联动运营；最后，麦当劳自运营微博到现在，已经积累了 95 万粉丝，其运营经验丰富，值得学习。

拆分思路

因为该公司在新媒体运营上是零经验，他们对麦当劳的官方微博进行了拆分。思路是：先分析头两年的详细记录，然后在后几年的微博运营中找到共同规律。管理者之所以重视麦当劳前两年的记录，是因为这两年也是麦当劳的探索期。以后公司会步入正轨，在运营上做些微调就可以了。

在这个拆分的过程中，商家能看到麦当劳的可供借鉴与不足之处，然后有选择性地学习。如，麦当劳早期在微博里采用过有奖赠送的办法，礼物为《里约大冒险》的玩具一个，还有免费的电影。

说起《里约大冒险》许多人都不陌生，也就是游戏《疯狂的小鸟》，当年风靡一时，还有同名电影。麦当劳以此吸引顾客购物，具有很强的带动性。这正是该公司应该学习的方式。

拆分成果

该研发公司详细查阅了麦当劳从 2011 年至 2013 年微博上上传的图片、文字、视频等，得到了以下拆分和分析结果。

1. 运营频率

麦当劳的微信运营主要有三大类：周期活动、阶段活动、年度活动。在几个活动中，麦当劳宣传力度最强的是年度活动。例如，先后推出“金牌之旅”“满分早餐”等活动，对用户的优惠力度十分大。

周期活动的力度不及年度活动，通常是在一些固定的时间点推出固定的商品。例如，曾推出“纯牛肉纯爷们”“霸气外露”，都是牛肉汉堡；还有“黑白通吃”和“黑白我有型”，这些是巧克力奶油汉堡。

投入力度最小的就是阶段活动。如，国庆节、儿童节等，会推出一些短期活动，大多维持在一周左右。

2. 主打内容

麦当劳的官方微博在不同的阶段、不同的活动中，主打的内容各不相同。如，2012 年奥运会期间，麦当劳推出的活动主题为“金牌麦当劳，尽兴奥运会”，活动时间从 2012 年 6 月 25 日持续到同年的 8 月 1 日，主推的是为奥运会助威的活动。2013 年夏至后，推出“夜亮了”的主题活动，活动持续一个月，主推产品是晚餐套餐。

麦当劳主推的内容有三大类，分别是：事件、食物、玩具。因为是餐饮公司，他们最主要的内容还是食品，占推送内容的 60%。

造势

麦当劳无论推出新的活动还是发布新品，都会借力造势。如，推出“愤怒的小鸟”玩具活动前，在微博上发文：“太可怕了！就在一夜之间，已经有 50 多家麦当劳的美食被麦食大盗偷跑了！”这样的广告很新奇，容易引起用户的好奇心。随后，麦当劳在线下打造产品丢失的场景，引起用户继续关注。最后麦当劳开始推出巨型弹弓、愤怒的小鸟等玩具。经过造势，麦当劳制作的玩具一经推出就销售火爆。

食品研发公司通过分析麦当劳的案例，获得了以下几点启示：可以先围绕当下的产品设计年度的主题活动，如，“麻辣年夜饭”，主推产品夫妻肺片、绝味鸭脖，以后随着新品的研发，再更改主题；推送的内容要分清主次，推送的渠道也一样，以微博为主要渠道。在产品上，以食物为主，附带礼盒、杯子等周边产品；在造势方面，可以借助自己的线下加盟店制造场景，让大家产生神秘感，然后在微博上造势和宣传，为提高用户转化率做足准备。

如果我们也想借助新媒体吸引用户，上述研发公司的经验值得我们借鉴。我们要找一个类似的对标公司，对它在新媒体运营方面的经验既要抛弃不利因素，又要积极借鉴其有利因素，远比自己摸索要进步快。

5. 新媒体时代的影视内容

在传统媒体时代，一部剧情紧凑、收视率高的影视作品需要很多明星的助力。在新媒体时代凭借网红就能实现以往的效果。而且，在新媒体时代，明星和网红之间的差距越来越模糊了。甚至有许多网红的影响力远超一些明星。因此，许多明星转战新媒体平台，希望靠内容来吸引粉丝。也就是说，明星也开始向网红化发展，因为本身就有影响力，推送的内容可能会得到更多人的认可。

尤其是年轻的明星，大多会通过一些新媒体平台去推广自己，让自己更接地气；并采用内容营销的方式，来提升自己的变现能力。

如，湖南卫视综艺档与 YY 直播合作，推出节目录制探班、幕后揭秘、嘉宾互动等直播节目。观众能看到《天天向上》《快乐大本营》《我们来了》《诛仙》等综艺节目和热播影视剧的拍摄花絮，还能看到安以轩、江一燕、莫文蔚等明星的采访。

YY 打造影视内容的方式，把粉丝带到了节目制作的现场，让粉丝对明星的生活有了更多的了解。这对新媒体平台上的影视内容来说，也是一种前所未有的宣传方式。此外，YY 还能借助湖南电视台的优质资源，去改善和扩充自己的内容，可以为用户提供更多高品质的内容，进而提升自身的价值。

网红也可以靠自己超高的人气去制作影视方面的内容。内容要贴近大众，构思巧妙，将会获得较高的点击量。

在新媒体平台上，许多网民都知道某个博主的名字，同时，他也是某知名网剧的策划者，据悉，在新媒体平台上已有近千万的粉丝。

可他以前只是一个没有名气的网络写手，后来为了改变现状，制作了一些恶搞的游戏解说和短片，也没挣到钱。面对这让人沮丧的境遇，他起了一个自嘲的微博名，还设计了一个像囧字的头像。

直到制作出一部网剧后，才名声大噪。该剧的第一季就在优酷上获得了6亿的点击率。此外，这部剧的贺岁版也有一亿多的点击量。

这部剧围绕当下的热门话题，结合经典故事改编而成。故事讲述了一位小人物的成长故事，因为剧情丰富、语言幽默夸张，获得了新媒体用户的喜爱。

为了持续输出优质的内容，这位博主与土豆网的投资人了创建了影视公司，并主抓内容运营。涉及的内容包括：职场沟通、校园生活、经典名著、邻里关系，等等。

如今这部剧已改编为网络大电影，因为有雄厚的粉丝基础，再加上超级IP的带动，电影上映后，两天就收入1亿多票房。

这位博主获得了极大的成功，但是他的道路并不适合所有参与新媒体运营的人。据悉，这位博主成名的电影前期投资有 3000 万元，起步门槛比较高。但是我们可以从微电影做起，而且有很多微电影在新媒体上广受欢迎，也为制作者带去了可观的收入，还有一些网红靠小视频被广大网友熟知。同时，有了微电影和小视频的尝试后，再做大电影时，也不会茫然无措。

在新媒体时代，我们想让影视作品产生巨大的影响力，就应该借助广大新媒体用户的力量。无论是明星，还是网红，都不能忽视网民对剧情的喜好和期望值。此外，还要学会借助超级 IP 的影响力去传播，可以快速提高收益。

6.“教育＋新媒体”，学习更省力

说到“教育＋新媒体”，就不得不提先驱者新东方。新东方是一个老牌培训机构，许多科目在业内都名列前茅，发展势头一直强劲。尽管有着雄厚实力，新东方也没有忽视新媒体这一领域。经过积极的筹备，新东方的直播课堂进入了广大学员的视线。

新东方直播解决了线下教育受时空限制的弊端，可以为全国各地的学子输送较为优质的教育。直播课堂的推出让早已享誉全国的新东方，又在新媒体平台上火了一把。

说起新东方的在线课程，早在2000年就曾与联想合作打造了新东方在线，可谓我国在线教育的先行者。以往的在线教育采用录播的形式，这种模式的操作流程是：挑选优秀教师录制课件，然后做成光盘或者存在网盘上，凭借自己已有的影响力，把课程在网上进行销售。

这样的模式有一个最大的弊端，就是学员不能跟教师及时交流和互动。因此购买课程后只能自己理解，这种方式会浪费学员大量的时间。新东方为了解决这一问题，在线教育的授课模式随着新媒体时代的到来，应运而生。例如，YY课堂。

新东方教师在直播平台妙语连珠地讲课，学员可以随时跟老师互动，及时询问自己不明白的问题，或者有新的思路让老师帮忙验证可行性，这样一来提高了学员的学习效率，自然广受欢迎。

此外，新东方在线教育还采用新媒体上用户管理的方式，来限制学员的数量，以免因为同时在线的人数过多，影响了学员听课的质量。这也正是新东方在线教育能始终良好发展的原因。

像新东方一样，采用新媒体进行直播教育的还有“罗辑思维”的创始人罗振宇，联合的新媒体平台有：小米直播、斗鱼、映客、优酷视频，等等。在直播的过程中，罗振宇邀请儿童心理学家张怡筠为观众讲述如何进行亲子教育，张怡筠用通俗易懂的方式引导家长要理解孩子。只是两个小时的直播，就有 55 万人观看，166 万人点赞。此外，课程中还有广告植入，销售的是张怡筠推荐的儿童情商玩具。

我们把新东方的新媒体运营和“罗辑思维”相比较，很显然，“罗辑思维”的灵活性更强，而且平台也更广阔，利用多个平台可以有更大的用户覆盖面。此外，与粉丝互动，可以调动他们的购买热情，再借力有影响力的作者对产品进行销售，这是合作共赢。

可见，利用新媒体进行教育，不仅能扩大教育的影响范围，还能给用户以面授一样的学习效果。这可以解决许多人路途及时间上遇到的问题。再加上，运营者可以借助几个平台来运营，学员们获得的教育资源更加丰富，自然会购买课程。运营者也有更大的用户基数，这对于提高用户转化率，帮助很大。

7.“宝宝树”与 2000 万粉丝

宝宝树是享誉全球的大型育儿网站，在新媒体运营方面有很多经验值得学习和借鉴。下面，我们就去看看，它那些令人称道的地方。

宝宝树是由易趣创始人邵亦波和谷歌亚太区营销总监王怀南联合创办。如今粉丝早已超过 2000 万，月点击量超过 6000 万。每日大约有 20 多万条问题在与用户互动，主要用户为“80 后”。

其移动端媒体平台“美囤妈妈”月访问量接近 2 亿，平台借助大数据分析和用户画像，为广大用户提供产品和服务，实现了规模化营销。

我们从选品、内容策划、内容制作与传播、销售转化几个方面去分析宝宝树的运营经验，看看哪些技巧可为我们所用。

选品

宝宝树的主要用户为 0~6 岁婴幼儿的父母，还有一些备孕妈妈。为了满足用户的要求，宝宝树严格选品，并自主研发新产品，尽力把用户体验做到极致。如，宝宝树利用大数据研究母婴产品市场的稀缺点，研发出孕妇专用洗发水，使用过的孕妇都赞不绝口，并纷纷推荐给好友。它与太阳纸业联合研发的无添加母婴纸巾，在用户中也有极佳的口碑。可见，严格选品和按需供应是形成口碑的关键。

此外，媒体平台能够为用户提供最适合自己的产品，且选择的产品既能盈利，还符合用户的需求。自主研发产品和自建平台，在生产上降低了成本，无须寻找第三方平台，不仅节省了中转的费用，也节省了时间，故产品有更高的毛利润；借助大数据分析用户的需求，能保证产品跟用户之间有很高的关联性；宝宝树邀请许多育儿达人和母婴专家，在平台上推送内容，文章不仅内容性强，还有超高的用户认可度；宝宝树为了保证供货顺畅，在全球采购，丰富的品牌产品足以满足用户的个性化需求。

内容策划

在内容策划方面，宝宝树有微信小程序、视频、问卷调查等方式。宝宝树大多会在官方微博上展示与产品相关的视频，用户可以在微信小程序“宝宝树拼团”上购买经济实惠的产品，点击问卷入口“宝宝树孕育”就能答题，这样就提高了用户下单的可能性。

在场景化营销方面，宝宝树也非常用心。例如，在文章《冬日这样喝汤，孕妇更健康》中，介绍了几个孕妇可能在冬天出现的问题，如手脚冰凉、易感冒等，喝汤可以让孕妇更舒服。文章中介绍了几种不同的汤，并把使用食材的配比、功效等介绍得非常清楚，这就激起了用户的的购物欲望。

宝宝树的内容可以准确发现家长的痛点问题。如，“学会此法，可判断孩子是否感冒”这一内容，是育儿中家长非常关注的事情。如，小孩手脚冰凉，有些家长就以为孩子着凉了；孩子打喷嚏就是感冒，等等。其实这些都是没有科学依据的，有时给孩子乱用药，会引起皮疹、发炎等症状，后果很严重。可这样的事情，家长很难知道。因此宝宝树输出的内容，常见又实用，必然会对用户产生很强的吸引力。

此外，宝宝树的许多内容获得了相关领域权威部门的认证，可以提高用户的信任度。同时提供的产品也是婴儿常用的，如，保暖内衣、小儿退热贴等。用户的支付手段同样很灵活，可选微信或支付宝。这种支付方式也符合当下用户的消费习惯，可以提高转化率。

内容的制作与传播

在内容制作上，宝宝树以故事、情绪、关联和价值为原则。例如，《你真的会洗宝宝的衣服吗》一文，开篇就描述了这样的场景：有些妈妈会把孩子的衣服洗几遍，明明已经很干净了，可是还担心不够干净，然而这样做反而会刺激孩子的娇嫩皮肤。这样的例子极具场景性，可调动用户的阅读兴趣。

此外，创作者在讲述怎么解决问题的时候，会推荐可解决问题的产品，并有细致的用法指导。这些内容为“美囤妈妈”获得了巨大的关注量。

销售转化

宝宝树有系统化转化机制，可覆盖多个平台，还有自制的小程序，能快速引流。在销售上，订单入口统一化。这样，新媒体运营者可以通过数据对用户进行分析。此外，宝宝树上有医生、育儿达人等意见领袖，不仅能输出内容，还可以帮助平台打造完善的经纪人体系，对提高销售额帮助巨大。

宝宝树的运营经验中，最值得新媒体运营者学习的就是细节。它跟研发产品、引流相比，要容易一些。既然宝宝树能想到研发孕妇专用的洗发水，我们也可以针对一些被忽视的用户需求去研发或挑选产品，这样才能在激烈的竞争中获胜。

8.“新媒体 + 生活”，价值超出想象

新媒体运营看似简单，实则很难。

首先，自己的产品要与市场上同类商品有差异性，而且要保持这种差异性，但长久保持自身的差异性比较困难，却又必须要去做。

能够成功的前提有两个，一是在某一领域有足够丰富的知识，能够把产品研究透彻。二是对商品市场了解透彻，形成自己的品牌，此后才会引起风险投资家的关注。对于之后可能选择的商业模式，有以下几种。

连载作品

要保持良好的原创能力，这在内容制作方面有极大的优势。之前靠与用户沟通赢得粉丝，以后可以通过连载原创作品的方式扩大影响力。若是能得到一些超级 IP 的青睐，还可以进行合作，以求获得更多的收益。

开通服务渠道

当用户达到一定规模后，应该认真调查一下用户真实的需求和偏好，然后可以开通服务渠道，把用户转化为消费者。

联合经营

只凭借一个自媒体是很难完成新媒体运营工作的。因此要与广告公司、产品生产商进行合作，从而弥补自身的不足。

推广新产品

只有独特的理念还不够，如果再能推出与众不同的产品，更容易获得用户的信任。在同质化产品泛滥的今天，用户会优先选择你的产品。

以上几种商业模式，应该从自己的实际情况出发，选择适合自己的营销策略，避免因急功近利而误入歧途。